CHERYL BENARD · EDIT SCHLAFFER

Ohne uns seid ihr nichts

Was Frauen für Männer bedeuten

Wilhelm Heyne Verlag
München

Copyright © 1992 by Wilhelm Heyne Verlag GmbH & Co. KG, München
Umschlaggestaltung: Kaselow Design, München
Umschlagillustration: Mathias Dietze / die KLEINERT, München
Satz: Kort Satz GmbH, München
Druck und Bindung: Mohndruck, Graphische Betriebe GmbH, Gütersloh
Printed in Germany

ISBN 3-453-05920-4

Inhalt

Ohne uns seid ihr nichts
Eine Einleitung 7

Oh, wie wohl ist mir im Urwald
Männer auf der Suche nach Männlichkeit 15

(Heißer) Wachs in Frauenhänden
Die erstaunliche Passivität der Männer im Privatleben 35

Ein Schritt vorwärts, zwei Schritte zurück
Nähe und Distanz – ein Eiertanz 67

Untreue – Zufall oder Methode?
Warum man für eine, die einem nichts bedeutet, eine, die einem viel bedeutet, betrügt 93

Könige der Trümmer
Können Männer glücklich sein? 123

Die Sehnsucht nach dem Klischee
Die Frauenbilder von John, Richard und Fernando 141

Die echte Partnerin
Das gesunde Wunschbild 165

Die hingebungsvolle Mutti
Über die neurotische Sehnsucht 183

Was ist ein Mann?
Eine Umfrage 207

Einfach der Joe aus Essen
Eine Perspektive für die neue Männlichkeit 217

Die Zeiten ändern sich
Ein hoffnungsvolles Schlußwort 235

Ohne uns seid ihr nichts
Eine Einleitung

Was Frauen für Männer bedeuten?
Lästige Zicken, die ständig den Mann kontrollieren,
bevormunden, alles besser wissen, ihn aus dem bunten Abenteuer
der Welt hineinziehen in die Ödnis der vier Wände?
Die dauernd von Verbindlichkeit reden und das wilde
Männerleben zurechtstutzen wie einen Bonsai für den Vorgarten?

»Laßt endlich die Männer in Ruhe«*, über diesen Titel eines unserer früheren Bücher haben viele Männer sich gefreut – zu schnell. Sie fühlten sich weder irritiert noch provoziert, sondern fröhlich und erleichtert. Um erst im zweiten Gedankendurchlauf zu überlegen, ob sie wirklich in Ruhe gelassen werden wollten.

Diesmal laufen wir dieselbe Gefahr. »Ohne uns seid ihr nichts« – diese Formulierung könnte mißverständlich sein. Sie kam uns in den Sinn, als Männer uns von ihrem Leben erzählten und wir hörten, was Frauen für sie alles bedeuten. Quer durch alle Anforderungen der Daseinsbewältigung taten Frauen einfach alles für sie. Sie waren ebenso Projektionsflächen für Fantasien wie Hemdenbüglerinnen, Karriereplanerinnen wie Modeberaterinnen, lebenslange psychische Zweitmütter, Gefühlsinterpretinnen und Lebensorganisatorinnen.

Die Liste der Dinge, die Frauen für die Männer in ihrem Leben tun, ist lang und von einer oft absurden Vielfalt. Sie organisieren ihre Garderobe und ihr Leben. Sie sortieren ihre Bücher und ihre Gedanken. Sie erinnern sie daran, ihre Kinder aus erster Ehe – die zu ihnen frech und häßlich sind und vorgeben, sie zu hassen – pünktlich abzuholen, und besprechen mit der Exfrau die Urlaubspläne und Schulprobleme.

---

* Benard, Cheryl/Schlaffer, Edit: Laßt endlich die Männer in Ruhe. Reinbek bei Hamburg 1990

Im Beruf mögen Männer Draufgänger sein, aber im Privatleben wirken sie oft lasch und desorientiert. Der Initiative der Frau ist es meist zu verdanken, daß eine Familie gegründet wird. Sie ist oft der Motor für den wirtschaftlichen Erfolg der Familie, für die Vater-Kind-Beziehung. Ja, Frauen stecken sogar hinter der persönlichen Fortbildung des Mannes. Wenn es ihm schlechtgeht, schickt sie ihn in eine Beratung, zu einem Therapeuten, neuerdings vielleicht auch in eine Männergruppe. Fast wollten wir schon eine Statistik darüber anlegen, wie viele Männer ausschließlich infolge der Initiative ihrer Freundinnen in das Männerseminar, den Männervortrag und die Männergruppe gegangen sind; dann hätte sich nämlich schwarz auf weiß erwiesen, daß sogar die Identitätssuche des neuen Mannes weitgehend von den Frauen initiiert wird. Was Frauen für Männer bedeuten? Die Verkörperung einer umfassenden Lebensorganisation.

Doch die Sache hat einen Haken. Die meisten Männer haben zwar nichts dagegen, wenn Frauen all das für sie tun. Nur sind sie der Meinung, ohne das alles genauso gut zurechtzukommen. Die Frau möbliert ihre Wohnung und stylt ihre Garderobe auf einen völlig neuen, lässigeren Stil? Sehr schick; aber war er nicht genauso glücklich mit seiner alten Couch und seinen verblichenen Sakkos? Es ist zwar alles ganz schön, was die Frauen da bieten, aber eigentlich sind die Männer gar nicht sicher, ob sie das überhaupt wollen. Manche sind sich sogar sehr sicher, daß sie es *nicht* wollten, aber es wird ihnen trotzdem aufgedrängt. In jedem Fall aber finden sie den Preis zu hoch. Die Liebe der Frauen? Das ist ungefähr so, wie wenn man einen Solartaschenrechner geschenkt bekommt, sich mäßig darüber freut und dann erfährt, daß man damit automatisch ein Fünfjahres-Abonnement für irgendeine Börsenfachzeitschrift akzeptiert hat.

Nur daß Frauen ihr Abo nicht bloß auf fünf Jahre ausstellen. Den meisten Frauen schwebt eigentlich ein lebenslanges Abo vor.

Was Frauen für Männer bedeuten? Die Wahrheit: Für die meisten Männer sind Frauen lästige Zicken, die den Mann ständig mit Fragen nach Aufenthaltsort und Absichten und Gedanken peinigen. Die ständig besser wissen als der Mann selbst, was er tun und lassen und wollen und wünschen soll. Und die ärgerlicherweise noch dazu meist recht haben mit ihren Mahnungen und Beschwerden, so daß man sich auch noch schuldig und reuig fühlen muß.

»Immer, wenn sie bei der Tür reinkommt, gibt's Zoff«, faßte es ein Interviewpartner klipp und klar zusammen. Wenn seine Frau »bei der Tür reinkommt«, geht es darum, daß er die Rate für das Auto wieder nicht eingezahlt hat, daß sein Chef zum fünften Mal wegen eines überzogenen Termins angerufen hat, daß seine Tochter aus erster Ehe einen drogensüchtigen Freund hat und er sich endlich damit auseinandersetzen soll. Die Frau, das ist das lästige Über-Ich, das Gewissen, die Vernunft, die vorausschauende Planung.

Das Leben von Männern allein, und von Männern miteinander, ist im Vergleich dazu einfacher, weil rudimentärer. Ohne uns seid ihr nichts? So gesehen ist das eine glatte Lüge. Ohne uns, müßte es statt dessen lauten, seid ihr frei. Ohne uns besteht eure Wohnzimmereinrichtung, wie ein Zahnarzt sich nostalgisch an seine Junggesellenzeit erinnerte, aus »zehn leeren Whiskeyflaschen und einem Schreibtisch«.

Was Frauen für Männer bedeuten? Eine lästige, quengelige, nörgelnde Stimme, die dauernd über Verbindlichkeit und Verantwortung redet.

Wie Männer sich fühlen würden, wenn es auf der Erde keine Frauen gäbe? Glücklich und entlastet..., wenn auch sexuell ein bißchen frustriert. Adam war einsam? Vielleicht, aber die wirkliche Lösung mußte er selber finden, viele tausend Jahre nach der Vertreibung aus dem Paradies. In den Augen der meisten Männer hätte Gott aus der Rippe Adams nicht eine

Frau, sondern ein Fernsehgerät mit Fernbedienung machen sollen.

Was Frauen für Männer bedeuten? – Was Männer für Frauen bedeuten?

Eine Gegenüberstellung zeigt, daß in den letzten 20 Jahren eine enorme Verschiebung stattgefunden hat – und ein enormes Ungleichgewicht zurückließ.

Vor 30 Jahren hätte diese Frage eine gewisse Ausgewogenheit zutage gefördert. Der Mann? Er tat eine ganze Menge. Er verdiente das Geld für die Familie. Er fuhr das Auto. Er reparierte Haushaltsgegenstände und mähte den Rasen. Er erledigte die Amtswege, zahlte die Rechnungen, war zuständig für die Finanzen. Er war die starke Schulter für seine Frau, der er schwächere Nerven, Launenhaftigkeit und Tränen zugestand. Falls die Ehe scheiterte, blieb er trotzdem für Frau und Kinder verantwortlich, sofern seine Frau an der Trennung »unschuldig« war.

Ob das alles besser oder schlechter war, ist heute ohne Bedeutung; es ist vorüber und wird nicht wiederkehren.

Heute haben Frauen fast alle Zuständigkeiten übernommen, die früher zum Aufgabengebiet des Mannes gehörten. Sie wollten die Gleichberechtigung und haben dafür eine Menge geleistet, viel gelernt, viel getan, sich viel aufgebürdet. Wenn wir heute Listen aufstellen darüber, was Frauen und was Männer jeweils ins Zusammenleben einbringen, ist die erste Liste lang und wird immer länger. Und die zweite Liste ist kurz und wird immer kürzer. »Ich glaube«, sagte eine unserer Interviewpartnerinnen sehr nachdenklich, »daß Männer eine Mutation durchgemacht haben in der Richtung vom aktiven zum passiven Teil einer Partnerschaft.«

Vielleicht... Aber vielleicht sind sie auch einfach nur stehengeblieben. Die eine Seite hat sich bewegt, die andere nicht. Doch im Zusammenleben der Geschlechter geht das nicht. Da ist es wie beim Sackhüpfen zu zweit – wenn einer springt und der andere nicht, kann es nicht vorwärtsgehen.

In jeder Etappe des Zusammenlebens müssen Frauen, unwillig und widerstrebend, die Verantwortung übernehmen. Sogar die Trennung müssen sie meist noch vollziehen, auch wenn sie sie gar nicht wollen. »Die Männer sind irgendwie so lasch«, überlegte eine Gesprächspartnerin, die Wiener Künstlerin Marika Lichter.

»Man könnte sogar sagen, daß sie feig sind. Ich kenne keinen, der eine Tür zuschlägt. Frauen schlagen die Tür zu, im übertragenen Sinn, meine ich natürlich. Männer werden meist abwarten, oder verwirrende doppelte Botschaften aussenden. Ich kenne in meinem Bekanntenkreis kaum einen, der sagt, ich will nicht mehr. Meist quälen sie die Frau so lange, bis die dann sagt, ich kann nicht mehr, ich will nicht mehr. Die Scheidungen gehen von den Frauen aus, das zeigt schon die Statistik, obwohl die Männer vielleicht dann genauso froh sind, daß es endlich vorbei ist. Selbst wenn sie eine Freundin oder eine Geliebte haben, muß es meist die Frau sein, die den Schlußstrich zieht, die den Schritt macht. Der Mann wird nicht gehen, er wird sich in diesem Zwischenzustand arrangieren, er will das, und er will jenes, und er will die eine Frau, und die andere will er auch, er will alles, aber man kann nicht alles haben. Die Männer haben das nicht verstanden.«

Insofern könnte man meinen, daß der »backlash« gegen die Gleichberechtigung – falls er wirklich existiert und nicht nur ein Medienphantom ist – den Männern endlich die Befreiung bringen wird. Genug davon, sich von Frauen Vorwürfe und Meinungen anzuhören; zurück zur Männergemeinsamkeit und Männersolidarität, zurück zur Frau, die im sicheren psychischen Abstand der Ungleichheit gehalten wird und dort ihren beschränkten Beitrag zur männlichen Befriedigung und Bequemlichkeit leistet.

Doch nun kommt die schlechte Nachricht, und zwar diese: Von der Zivilisation gibt es keine Abkehr mehr, denn ohne zivilisierten Umgang miteinander ist ein Überleben auf dem engen Raum der Erde nicht möglich. Die Zivilisation aber verlangt den renovierten, den geläuterten, den erwachsenen, sagen wir es ruhig: den domestizierten Mann.

Kennen Sie die Bilder von der Stadt Beirut? Nichts als Schutt und Asche, aber immer noch stolzieren die arroganten Vertreter der diversen Kampfgruppen hocherhobenen Hauptes umher. Als »peacocks among the ruins«, als Pfauen, die inmitten von Ruinen ihre Brust schwellen lassen und ihre Federn schlagen, bezeichnete ein Libanese verbittert seine Landsmänner, doch mit Nationalität hat das weniger zu tun als mit dem Geschlecht und der Männlichkeitsideologie.

Das passiert, wenn diese Ideologie sich ungebremst an der Zivilisation vergreift. In den amerikanischen und südamerikanischen Slums verwildern die männlichen Jugendlichen. In Ermangelung eines zivilisierten, friedfertigen väterlichen Vorbilds halten sie Gewalt für Männlichkeit und versuchen, mit Messern und Gewehren Männer zu werden.

Unsere Umwelt? Unsere staatlichen Finanzdebakel? Alles Folgen davon, daß Ego, Ambition und Risikowahn triumphieren über die lästige, nörgelnde Stimme von Vernunft und Verantwortung.

Was Frauen für Männer bedeuten? Die Zivilisation. Was Männer ohne Frauen sind? Wilde.

Oh, wie wohl ist mir im Urwald

Männer auf der Suche nach Männlichkeit

*Sie sind desorientiert und verwirrt.
Denn sie ahnen, daß es nicht mehr stimmt, das alte Männerbild
des Beschützers, Draufgängers, Kriegers.
Daß es überflüssig und von der Evolution überholt ist wie
Saurier und Säbelzahntiger.
Da helfen auch die dumpfen Beschwörungen der neuen
Männerliteratur nicht weiter.
Was nun?*

Der moderne Mann hat ein Problem. Er ist auf die Welt gekommen, um ein Mann zu werden, vermißt jedoch weitere Anweisungen. Nicht einmal ein schnöder Montagezettel wurde mitgeliefert. Jetzt steht er da und weiß nicht, was das ist: ein Mann.

Diese Empfindung ist nicht lächerlich; hinter ihr steckt keine seelische Bankrotterklärung, sondern eine akkurate Einsicht. Seit mindestens 100 Jahren gibt es einfach keine Veranlassung mehr, ein Mann zu sein. Wir leben längst nicht mehr in einer Welt, in der eine scharfe Verhaltensdichotomie zwischen den Angehörigen der beiden Geschlechter gefragt ist. Die schlichte, harte Wahrheit ist diese: Die Welt braucht keine Männer mehr. Die Eigenschaften von Härte und Kampfbereitschaft, von Aushalten in Extremsituationen, sind überflüssig, wenn nicht gar schädlich, wenn man in Hamburg oder Philadelphia oder Graz lebt statt am Amazonas.

Und da diese alten Anforderungen an die Männlichkeit auch für die Betroffenen schon immer ziemlich gefährlich und durchaus unangenehm waren, sollte diese Tatsache vor allem unter Männern Anlaß zu allgemeinem Jubilieren bieten.

Zunächst einmal aber fühlen sich viele Männer desorientiert und verwirrt. »Männer und Frauen«, sagte eine unserer Interviewpartnerinnen, die Redakteurin Margaret Adams, sehr bildhaft, »haben die bekannten Territorien hinter sich gelassen und ein Gelände betreten, für das es keine Karten und keine

Bemessungen gibt.« Kein Wunder, wenn man sich dort verloren fühlt. Und trotzdem gibt es kein Zurück.

Das wahre Dilemma der modernen Männer hat seine Ursache nicht darin, daß die Frauen so kompliziert und unzufrieden geworden sind, und daß die alten, erprobten Strukturen nicht mehr gelten. Die echte männliche Identitätskrise besteht darin, daß es das, was sie suchen, einfach nicht mehr gibt (und nicht mehr geben muß): eine rein männliche Identität. Und nichts, was sie dagegen unternehmen, kann daran etwas ändern. Und wenn sie noch so laut trommeln, und wenn sie sich noch so oft umarmen, und wenn sie noch so oft in den Wald gehen und Pfadfinder spielen, sie werden nicht finden, was sie suchen: Eisenhans, den struppigen Riesen am Brunnengrund, die Männlichkeit.

Heute sind es die Männer, nicht mehr die Frauen, die der Figur des Märchenprinzen nachjagen: weil sie einer sein wollen. Aber ihre Suche wird fruchtlos bleiben. Für das, was man früher unter Männlichkeit verstand, gibt es keinen Bedarf mehr; die alte Rolle des Mannes hat ausgespielt, ist von der Besetzungsliste gestrichen, ist verschwunden wie vieles, was der Evolution und den geologischen Verschiebungen zum Opfer fiel: die Kontinente, die heute Meere sind, die Meere, die heute Wüsten sind, Saurier und Säbelzahntiger. Männer können sich lediglich noch an ihrem Barthaar erfreuen, letzte wehmütige Erinnerung an Vergangenes. Doch wer steht schon vor dem Spiegel und freut sich an den Ähnlichkeiten mit dem Cromagnon-Menschen?

Und jenseits der Körperlichkeit gibt es überhaupt keinen Trost mehr für Männlichkeitsnostalgiker, findet sich keine einzige Eigenschaft mehr, die Männer mit Überzeugung nur für sich verbuchen könnten. Mutig. Abenteuerlustig. Stark. Das sind Frauen auch. Zärtlich. Fürsorglich. Kinderlieb. Das können Männer auch sein. Die scharfe Trennung in Mann und Frau mit spezifischen Aufgaben und Zuständigkeiten ist in den letzten hundert Jahren aufgehoben worden und hat zu etwas geführt, was für die Menschheit schon immer bekömmlicher gewesen wäre: zu einer Vielfalt von Persönlichkeiten mit individuellen Unterschieden und Begabungen und einer gemeinsamen Menschlichkeit.

Ist das so schrecklich? Ist es so schwer, damit zurechtzukommen? Gerechterweise müssen wir sagen, daß es auch sehr vielen Frauen – vielleicht der Mehrzahl – schwerfällt, die Demontage des Eisernen Vorhangs zwischen den Geschlechtern zu akzeptieren. War es nicht schöner, als die Ehe noch eine Versorgungsinstanz war und man im Mann den Ernährer und Beschützer sah? Können die Veränderungen nicht auch angst machen und die neuen Anforderungen nicht auch verunsichern?

Wie Ossis und Wessis stehen sich Frauen und Männer heute gegenüber; beide ahnen oder wissen, daß es keine Alternative zu ihrer menschlichen Wiedervereinigung gibt, und trotzdem sind beide voll der gegenseitigen Vorwürfe, Eifersüchteleien und Ressentiments. Jede Seite fühlt sich übervorteilt, und jede fragt sich manchmal, ob es ihr nicht vorher viel besserging.

Die neue Männerliteratur stellt diese Frage laut und vernehmbar. Der Erfolg von Büchern wie »Eisenhans«* macht deutlich, wie groß die nostalgische Verwirrung bei Männern ist, denn was hier zur psychosexuellen Orientierung gepriesen wird, war vor allem für Männer auch früher schon mehr als qualvoll.

In den »primitiven Gesellschaften« gab es laut Bly noch »echte Männer«, die einen engen Zusammenhalt miteinander erlebten und die männliche Jugend dezidiert in die Männergemeinschaft integrierten. Es ist aufschlußreich, daß Bly so weit

---

* Robert Bly, Eisenhans. Ein Buch über Männer. München 1991

in die anthropologische Ferne schweifen muß, um noch eine »funktionierende« Männlichkeit zu finden.

Lesen wir, was ein anderer und wesentlich nachdenklicherer Männerautor über diese früheren Männergemeinschaften zu sagen hat:

»Die kulturelle Aufgabe, aus einem Knaben einen Mann zu machen, beginnt damit... (daß) die Männer die Jungen entführen und sie in einem Männerhaus festhalten, wo sie von den Stammesältesten schikaniert, einer strengen Disziplin unterworfen und unterrichtet werden.

Es ist unvermeidlich, daß eine Form von schmerzhafter Mutprobe die Trennung von der Welt der Frau begleitet und dramatisiert. Die Liste der kleineren und größeren Quälereien, die die Neulinge auf sich nehmen müssen, scheint wie aus der Phantasiewelt des Marquis de Sade übernommen: Durchbohren der Lippen, Schnitte in die Haut, Befeilen oder Ausschlagen von Zähnen, Geißeln, Entfernen eines Hodens, Bisse, Verbrennungen, das Verzehren von ekelerregenden Speisen, das Festbinden auf einem Ameisenhügel, Beschneidung des Penis, Einzelhaft... usw.«*

Die Glorifizierung des »Wilden« und der Wildnis durch Bly und einige Männergruppen, die derselben Denkrichtung angehören wie er, ist angesichts dieser Liste ziemlich absurd und auch lächerlich: Unsere urbanen Männer, die es schon als extreme Härte bejammern, wenn in ihrer Stammbäckerei ihre Lieblingsbrioches ausgegangen sind, würden sich für eine solche »Bewußtseinsschulung« schön bedanken.

Doch es gibt auch einen politischen Aspekt.

Bedeutungsvoll ist Keens Bemerkung, die »Initiationsriten für die Knaben seien desto harscher, je öfter ein Stamm oder eine Nation Krieg führt... Was ein Mann können muß, ist leiden, ohne zu klagen, töten und sterben.«**

---

* Sam Keen, Feuer im Bauch. Hamburg 1992, S. 48
** Sam Keen, a. a. O., S. 48

Die brutale Initiation soll einen Menschen erzeugen, der seelisch abgestumpft ist, der sich in ein Kollektiv des Tötens einfügen kann. Das sind nicht gerade die Eigenschaften, die dem Überleben unseres Planeten und dem Gedeihen unserer Gesellschaft in unserem Zeitalter förderlich sind. Auch damals wurden sie unter falschen Vorzeichen gefördert: Der Mann fand nicht »Erfüllung« und die Bestätigung durch die Akzeptanz anderer Männer, sondern wurde brutal gezwungen, sich einer Killergesellschaft zu unterwerfen. Er wurde vollständig instrumentalisiert und erhielt als Lohn und Anreiz maximal ein paar sexuelle Begünstigungen und das Recht, sich Frauen überlegen zu fühlen.

Auffallend an dieser traditionellen männlichen Initiation ist ihre extreme Künstlichkeit. Während die Lebensetappen der Frauen sich natürlich ergaben aus teils körperlichen, teils sozialen Ereignissen (Erreichung der sexuellen Reife, erster Geschlechtspartner, Mutterschaft etc.), wurden die der Männer künstlich festgelegt (erste Nacht allein in einer Höhle, erstes Erlegen eines Beutetiers, erster Feldzug gegen einen Feind usw.). Unsere heutige Gesellschaft, die ja dem männlichen Denkschema entspricht, folgt erstaunlicherweise noch immer diesen Wertungen: Da die persönlichen und sozialen Hauptereignisse im Leben eines Menschen privater Natur sind, werden sie von der Gesellschaft nicht weiter beachtet. Eine öffentliche Anerkennung erfährt man nur durch das Sammeln jener Skalps, die unser moderner, spätindustrieller Stamm für wichtig hält. Wer eine Doktorarbeit geschrieben hat, erhält Titel und Bewunderung; wenn eine Frau ein Kind bekommt und betreut, bis es in den Kindergarten gehen kann, muß sie sich mit der eigenen inneren Befriedigung und ohne öffentliche Anerkennung begnügen, obwohl sie sich doch auch hat verändern und weiterbilden müssen, ganz neue Qualifikationen erworben und neue Fertigkeiten erlernt hat.

Das ist deswegen bedeutungsvoll, weil auch die aufgeschlossensten Männer mit den alten Kriterien leben müssen. Wie sollen sie Befriedigung schöpfen aus Lebensbereichen, die im männlichen Universum als irrelevant und nicht erwähnenswert, als selbstverständlich funktionierende Nebensache gelten? Eine gute Ehe, zufriedene und gedeihende Kinder, was ist das schon? Kriegt man dafür eine Auszeichnung oder eine Gehaltserhöhung?

Frauen hingegen haben sich jahrtausendelang an die Nichtanerkennung ihrer Leistungen gewöhnen müssen und gelernt, in ihrer Arbeit für die Familie, für das soziale Miteinander etwas Sinnvolles zu sehen, auch wenn es dafür keine Diplome, Grade, Abzeichen, Medaillen und Plaketten gab.

Die seltsame Unzufriedenheit vieler Männer um die 40 geht auf diese Spaltung der Wertungen zurück. Sie haben die Skalps gejagt, wie es von ihnen verlangt wurde, doch irgendwie schmeckt der Erfolg schal. Denn die »Nebensachen« sind schiefgelaufen, Ehe schlecht, von den Kindern nicht viel mitbekommen. Die Midlife-Krise solcher Männer ist nichts anderes als das Dämmern der quälenden Erkenntnis, daß man einem überholten Stammesritual auf den Leim gegangen ist. Mit dieser Erkenntnis zu leben wäre schrecklich, für eine Umkehr ist es meist zu spät (Frau verdrossen, Kinder erwachsen), also drückt der Mann seine Einsicht meist ganz schnell wieder weg und ergreift irgendeinen Fluchtweg.

Auch die neue Männerbewegung geht aus von einer Einsicht – um jedoch sofort wieder davor zurückzuschrecken. Ihre Einsicht: daß die klassische Männlichkeit ein Phantasiegespinst ist, das sie dennoch real einengt und deshalb schädlich und zerstörerisch wirkt. Doch statt erleichtert zu erkennen, daß es nunmehr genügen könnte, ein individueller Mensch zu sein, begibt sie sich auf die Suche nach einer neuen Männlichkeit. Auch Keen, einer der intelligenteren unter den neuen Männerautoren, macht diesen Fehler. Betrachten wir zum Beispiel den Satz, den er als »wichtigsten Ratschlag zur Männlichkeit, den ich je bekommen habe«, wiedergibt.

»Sam«, sagte sein weiser Lebensberater zu ihm, »zwei Fragen muß sich jeder Mann stellen. Die erste heißt: ›Wohin gehe ich?‹ und die zweite: ›Wer geht mit mir?‹ Wenn du diese Reihenfolge durcheinanderbringst, kommst du in Teufels Küche.«*

Tatsächlich ein nützlicher, ein kluger Ratschlag. Doch was soll daran männlich sein? Jeder Mensch, nicht bloß jeder Mann, tut gut daran, im Leben ein Ziel zu verfolgen und seine Weggefährten so zu wählen, daß sie ihm den Weg zu dem Ziel erleichtern. Die Zeiten, in denen eine Frau sich an das Schicksal eines Mannes anhängte und ihren Lebensweg darin sah, *sein* Leben zu »teilen«, sind vorbei. Zum Glück, denn für die Frau war es riskant und unbefriedigend und für den Mann äußerst beklemmend, daß da jemand an ihm dranhing, den er beglücken und erfüllen sollte und für dessen Lebensinhalt er zuständig war.

Vor der Erkenntnis, daß die Lebensregeln für Männer und Frauen dieselben sind, schreckt Keen – und schrecken die meisten Männer – immer noch zurück.

Für viele Frauen ist das nur schwer nachvollziehbar. Zwar wird Feministinnen oft vorgeworfen, sie würden einen »Keil« zwischen die Geschlechter treiben und eine feindselige Gegenüberstellung forcieren, doch dieser Vorwurf ist nicht berechtigt. Frauen – auch Feministinnen – können den Gedanken, daß Männer und Frauen zumindest potentiell in ihrem Wesen gleichartig sind, meist mit großer Gelassenheit ertragen. Autoren wie Keen aber verwerfen zwar die traditionelle Männlichkeit, um sich am Schluß doch wieder ängstlich in ihre Arme zurückzuflüchten. »Wir können erst dann die eigentlichen männlichen Mysterien zu erfahren beginnen, wenn wir uns von der Welt der *Frau* abgrenzen«,** schreibt er dann. Wozu?

---
* Sam Keen, a. a. O., S. 26
** Sam Keen, a. a. O., S. 30

Und was soll das sein, die »Welt der Frau«? Kinder? Liebe? Gefühle? Davor haben sich Männer jahrhundertelang abgegrenzt, mit schrecklichen Folgen.

»Bevor wir unserer Wege gehen können, müssen wir uns erst bewußt machen, auf welche Weise wir von der *Frau* gefesselt, einverleibt, in den Mutterschoß eingeschlossen und definiert sind«,* schreibt er weiter und setzt damit bloß die uralte Litanei fort. Denn dieser angestaubte Männer-Satz macht aus dem Mann einen ewigen Teenager, der in pubertierender Protesthaltung jede Liebe als Einengung und jede Gemeinsamkeit als Vereinnahmung registrieren und mit trotzigem Protest abweisen muß. Was ist neu daran?

Und genau das ist der Hauptvorwurf gegen die »neue« Männerliteratur: Sie ist in keiner Hinsicht neu. Schlimmer noch: Nicht das Beste vom Alten will sie revitalisieren, sondern das Schädlichste. Glamourös an der alten Männlichkeit sind für sie die Aspekte, die Vernichtung und extreme Entfremdungen hervorgerufen haben: Glamourös ist zum Beispiel der Krieger. Der »neue Krieger« kämpfe zwar für gute Dinge – doch das sind unehrliche Rationalisierungen: Die »Öko-Krieger«, die im aufgeklärten Kinderfernsehen den Platz der früheren Gewaltsendungen einnehmen, gehen genauso brutal vor, wenn auch unter der Fahne des Umweltbewußtseins. Der »neue Krieger« der Männerliteratur soll für gute Dinge kämpfen, für die Rettung des Planeten und für die Gerechtigkeit... Kurzfristig beruhigend, bis wir uns daran erinnern, daß noch nie irgendein Tyrann vorgab, sich für etwas anderes als die Gerechtigkeit unter den Menschen und die Rettung des Planeten einzusetzen.

Die neue Männerliteratur ist, das ergibt die Analyse, reaktionär und tendenziell totalitär. Sie schmeichelt dem simpelsten Instinkt des Mannes: der Sorge um sein Ego.

---

* Sam Keen, a. a. O., S. 30

»Der König in Dir – Wege in die männliche Psyche«* nennt sich zum Beispiel der neueste Männerschinken und führt im Untertitel an, was sich da für tolle Schätze verbergen: »König, Krieger, Zauberer, Liebhaber«.

Wir wollten nachsichtig sein. Identitätsfindungen sind schwer; man muß überall suchen können, ohne Angst und ohne Peinlichkeit; man muß Fehler machen, sich abreagieren, durch Übertreibungen und Exzesse erst ein neues Gleichgewicht finden dürfen. Identitätssuche ist turbulent und wirkt auf Außenstehende immer etwas lächerlich. Nachsichtig bedachten wir all dies, erinnerten wir uns an die peinlicheren Augenblicke der frühen Frauenbewegung, an Mond und Schwamm und literarische Ergüsse. Identitätssuche darf alles, aber ein Kriterium muß sie erfüllen: Sie muß einen neuen Pfad beschreiten.

Genau dies leistet die neue Männerbewegung nicht. Die Frauenbewegung hat Frauen von ihrer alten Rolle, ihren alten Einschränkungen, ihren alten Zwängen befreit und neue Türen geöffnet. Die Männerbewegung marschiert schnurstracks auf dem alten Klischeeweg zurück.

Mitunter fällt das den Autoren dieser Bewegung selber auf. Sie rechtfertigen sich dann durch Analogien zur Frauenbewegung, aber diese Analogien sind nicht stimmig. Frauen trafen sich in Gruppen, weil sie lernen mußten, miteinander solidarisch umzugehen. Männer dagegen bewegten sich immer schon in Gruppen und praktizierten schon immer ihre Männer-Solidarität. Frauen brauchten Bewußtseinsbildung, weil ihr Selbstwertgefühl beschädigt war und sie kein Selbstvertrauen hatten. Männer haben ein ausgeprägtes Selbstwertgefühl. Männer haben legitime Identitätsprobleme, aber andere als Frauen, etwa daß sie sich abkapseln, daß sie sich verschließen, daß sie übertriebene psychische Anforderungen an sich stel-

---

* Robert Moore, Douglas Gilette, The King Within. New York 1992

len, daß sie dauernd bestrebt sind, den strengen Standards einer imaginären Männermeinung zu genügen. Und diese anderen Probleme verlangen nach anderen Lösungen.

Die Frauenbewegung sprengte unsere Vorstellungen von dem, was »weiblich« sein sollte. Sie machte es Frauen möglich, Empfindungen und Wünsche zu haben, die zwar *menschlich*, früher aber für die Männer reserviert waren: Jeder Frau sollte es möglich sein, ihre persönlichen Eigenschaften und Ziele zu verfolgen. Kein Beruf sollte ihr verschlossen, keine Leistung unmöglich, kein Gedanke verboten sein; es sollte nichts geben, was für Frauen nicht schicklich oder nicht erreichbar war. Das bedeutete im Grunde, daß es keine spezifisch weiblichen Lebens- und Verhaltensweisen mehr gab, sondern nur mehr individuelle Personen in zufällig weiblichen Körpern. Frauen schnitten sich die Haare ab und wurden Mechanikerinnen; sie verlangten sexuelle Befriedigung und fuhren allein durch Asien; sie spielten Fußball und ließen sich zur Bürgermeisterin wählen. Das waren radikale Veränderungen, und noch vor hundert Jahren hätten die Menschen geglaubt, daß nun die Welt total aus den Fugen sei. Doch die Welt besteht immer noch. Allen Ängsten zum Trotz gibt es immer noch Frauen, deutlich als solche identifizierbar, und sie haben immer noch eine Verwendung für Männer.

Die Männerbewegung müßte nun nachziehen. Auch die Männer müßten die Eingrenzungen und Verbote über Bord werfen, über die lächerlichen Korsette ihrer Vergangenheit lachen lernen und darauf vertrauen, daß sie trotzdem noch Männer bleiben werden und wir sie als solche erkennen werden, auch ohne Kampfanzug.

Was die Prediger der »neuen« Männlichkeit mit Männern machen wollen, ist eigentlich eine Zumutung. Robert Moore und Douglas Gillette zum Beispiel, ein Psychoanalytiker und ein Theologe, die gemeinsam den »König im Mann« finden wollen, schwärmen zunächst wie alle Männerideologen von den Initiationsriten primitiver Gesellschaften. Im nächsten Kapitel legen sie Männern nahe, sich an den Schimpansen zu orientieren, da diese dem Menschen genetisch am nächsten stehen, aber eine durch die Zivilisation noch unverdorbene Sozialstruktur besitzen. Die Schimpansen »organisieren sich in hierarchischen Machtkoalitionen unter Führung eines dominanten Alpha-Männchens«. Das ist genau das, was wir brauchen, um die Probleme des 20. Jahrhunderts besser in den Griff zu bekommen: die Sozialstruktur von Schimpansen. »In jedem Mann steckt ein potentielles Alpha-Männchen«, versprechen Moore und Gillette.

Das wird keine Leserin bestreiten – schließlich leben wir seit Jahrhunderten mit mehr oder weniger possierlichen Alpha-Männchen zusammen. Nur hatten wir gehofft, daß unsere Partner endlich bereit wären, auf der Evolutionsleiter eine weitere Stufe zu erklimmen.

Der Psychiater und der Theologe haben einen anderen Plan – wie die meisten Männer ihres Genres. Wir haben die wichtigsten Texte der neuen Männerbewegung gelesen und zwei Merkmale entdeckt, die allen Büchern gemeinsam sind: 1. All ihre Beispiele und Belege stammen entweder aus der Tierwelt oder aus primitiven Gesellschaften. 2. In den Büchern gibt es kein Kapitel darüber, wie der neue Mann mit Frauen zusammenleben kann. Im Grunde kommen Frauen in diesen Büchern kaum vor. Moore und Gillette beziehen sich, neben den schon erwähnten Schimpansen, auf alte Legenden und auf afrikanische Stammesgesellschaften. Die Frau? Das ist das Weibchen, das irgendwo im uninteressanten Abseits kauert und Schimpansenbabies entlaust. Oder die afrikanische Stammeskönigin, die gemeinsam mit einem Harem von weiteren Frauen und »zahlreichen Konkubinen« den »kosmischen Liebhaber« im Mann erfreut.

Wenn diese Literatur Verbreitung findet, können wir immerhin auf einen amüsanteren Ehestreit hoffen, etwa wenn der Partner seinen Seitensprung damit rechtfertigt, daß der

»kosmische Liebhaber« in ihm ohne zahlreiche Konkubinen nicht mehr zurechtkam. Spätestens bis dahin müssen wir diese Bücher unbedingt gelesen haben, damit wir unseren Herbert und Walter daran erinnern können, wie es mit dem großen König weiterging – daß er nämlich nach wenigen Jahren von einem jüngeren Rivalen rituell und blutig abgeschlachtet wurde, damit seine Frau und sein Harem sich einem potenteren Liebhaber zuwenden konnten. Wer Alpha-Männchen sagt, muß auch B sagen.

Beunruhigender als der »kosmische Liebhaber«, ein Bild, das für Männer seine Reize haben mag, ist der »Krieger«. Auch er geistert durch die Literatur der neuen Männlichkeit, eine wesentlich ominösere Orientierungsfigur. Moore und Gillette empfehlen Männern ernsthaft, sich die Indianer des Wilden Westens und die Ritter des Mittelalters zum Vorbild zu nehmen, um den kleineren Kämpfen ihres Alltags eine Note von »Magnifizenz« zu geben: Winnetou im Finanzamt.

Ein neues Zusammenleben? Ein neuer Dialog mit Frauen? Eine Befreiung von künstlichen Trennungslinien und Vorurteilen? Diese Ziele kommen nicht vor in der neuen Männerliteratur. Im Zuge der nostalgischen Rückbesinnung auf die alte Männerherrlichkeit findet die Gegenwart des ausgehenden zweiten Jahrtausends kaum statt. Lediglich in einigen Passagen über den Arbeitsplatz. Dort, empfehlen Moore und Gillette, sollen Männer sich bemühen, anderen Männern zu guten Positionen zu verhelfen: »Gibt es an Ihrer Arbeitsstelle keine jungen Männer, die Sie beruflich fördern können?«

Ein umwerfend neuer Gedanke.

Wir können den Männern gern sagen, worin ihr Problem besteht. Wir können es auf der Grundlage von langjährigen Studien und Beobachtungen und der Analysen unserer aktuellen Interviews mit Männern. In einer Zeitungsreportage begegnen wir danach aber einer jungen Frau, die es noch präziser erfaßt hat. Diese junge Frau, im Artikel lediglich identifiziert als

»Chelsea«, ist eine 19jährige Alleinerziehende in einem Ghetto in Chicago. Auch Chelsea kennt das Männerproblem und zwar ohne vorangegangene Auswertungen soziologischer Studien. Warum hat nur eines von zwölf Kindern in ihrer Nachbarschaft einen Vater, der mit der Mutter zusammenlebt und sich um seine Kinder kümmert? Warum bestehen die meisten Haushalte aus Müttern mit Kindern, während die Männer von einer kurzlebigen Beziehung zur anderen flattern und ihren Hauptwohnsitz bei ihren eigenen Müttern haben, deren schlimme kleine Babies sie ein Leben lang bleiben?

»Weil«, sagt Chelsea gelassen, »die Männer faul, selbstsüchtig, verwöhnt und feig sind.«

Monogam? Wozu, wenn es auf der Welt so viele Frauen gibt. Ernährer seiner Kinder? Wozu, wenn es die Mutter – unterstützt von der Sozialhilfe – auch alleine schafft, irgendwie.

Chelsea hat sehr akkurat und mit absoluter Präzision identifiziert, was mit den Männern los ist. Das, was früher ihre Männer-Identität ausmachte, ist verlorengegangen, aber nicht deswegen, weil keiner während ihrer Pubertät unter heftigem Getrommel ihren linken Oberzahn ausgeschlagen oder ihr rechtes Ohrläppchen mit einer scharfen Muschel durchbohrt hat. Sondern weil die männlichen Tugenden der Härte, des tapferen Kriegers, des unerschrockenen Draufgängers nicht mehr gefragt sind in dem menschlichen Zusammenleben. Statt dessen sollten sie ganz andere Tugenden entwickeln: Verantwortung, Ernsthaftigkeit, Verbindlichkeit. Und vor allem ein Verständnis für die nicht immer angenehmen Regeln des erwachsenen Lebens: daß alles seinen Preis hat und nicht nur Spaß macht, daß man Rücksicht nehmen, sein Handeln überdenken, zu Entscheidungen stehen muß usw.

»Der Fortschritt der Zivilisation hängt im wesentlichen davon ab, ob es gelingt, die Männer zu sozialisieren. Aus biologischen und kulturellen Gründen ist es sehr schwer, diese Sozialisation durchzusetzen. Wenn sie aber mißlingt oder unvollständig bleibt, entstehen ernste soziale Probleme.«*

Die Frauen nämlich sind schon »sozialisiert«, schon lange. Hier, und nicht in sonstigen Geschlechtsunterschieden, liegt die Wurzel des Problems. Denn für Frauen ist es ein enormer Nachteil, die zivilisierteren zu sein, und für Männer eine große Barriere, weil sie die Merkmale der Zivilisation als weibliche Eigenschaften interpretieren und deshalb für Männer ablehnen.

Der Politologe James Wilson und eine zunehmende Zahl anderer Sozialwissenschaftler identifizieren bei Männern einen steten zivilisatorischen Rückfall und führen ihre Flucht aus der Familie und den Verantwortungen des Familienlebens als Beweis an. Der Grund für diese Flucht wiederum ist ihr Unvermögen, mit Frauen zurechtzukommen. »Viele versuchen es gar nicht erst«, beschwert sich der Soziologe Frank Furstenberg. Und sein Kollege Paul Taylor meint: »Der Zusammenbruch der Familie betrifft nicht die Beziehung zwischen Müttern und Kindern und nicht die Beziehung zwischen Vätern und Kindern. Er betrifft die Beziehung zwischen Vätern und Müttern.«**

Wir zitieren hier absichtlich nur bekannte männliche Sozialwissenschaftler, weil sie als Kritiker des männlichen Verhaltens besonders glaubwürdig sein sollten. Und diese Experten – Mitarbeiter von angesehenen Institutionen der Familien- und Sozialforschung – sehen nicht in der Frauenemanzipation, der Frauenberufstätigkeit, der mütterlichen Allmacht die Ursachen für das Auseinanderbrechen der Familien, sondern orten sie bei den Männern selbst. Männer haben nicht gelernt, zivil mit anderen Menschen umzugehen. Männer sind nicht bereit, schwierige zwischenmenschliche Situationen durchzustehen und durch Kompromisse eine Lösung zu finden. Män-

---
* James Wilson, Washington Post, 7. 6. 92, C-1
** Zitiert nach James Wilson, Washington Post, 7. 6. 1992, C-1

ner scheuen alles, was Ausdauer und einen unangenehmen persönlichen Einsatz erfordert. Sie sind, Chelsea hat es uns bereits mitgeteilt: faul, selbstsüchtig, verwöhnt und feig.

Die hohe Zahl der Scheidungen, weitgehend eingereicht von Frauen? Das zeigt nicht nur, daß Frauen unzufrieden sind, daß sie Alternativen haben zum Verbleib in einer unglücklichen Ehe und bereit sind, diese Alternativen zu ergreifen. Man darf aber nicht versäumen, auch hinter diesen Zahlen noch den Drahtzieher Mann zu sehen. Die Frau, die die Scheidung einreicht, ist mitunter gezwungen worden, sogar noch hier die Initiative zu ergreifen, wie sie auch in allen anderen ehelichen und familialen Dingen gezwungen war, allein verantwortlich zu sein. Um den Erfolg der Ehe hat im wesentlichen sie sich bemüht, nun muß sie allein die Auflösung der Ehe betreiben.

Nicht selten haben Frauen sich darüber beschwert. Chelsea, fernab in Chicago, war bei weitem nicht die einzige, die den Männern Feigheit vorwarf. Ratlos, verzweifelt und fassungslos wirkten die Frauen, wenn sie ein Männerbild zeichneten, das James Wilsons These in jeder Hinsicht bestätigte: das Bild eines Menschen, der keine Verantwortung tragen will, nicht über die Konsequenzen seines Handelns nachdenkt, der einfach nicht »sozialisiert« ist. So zum Beispiel Marika Lichter, Künstlerin in Wien:

»Ich bin mir nicht sicher, ob Männer wirklich unbeeindruckt vom Denken und Fühlen ihrer Familienmitglieder sind. Ich denke mir oft, tut der nur so, oder ist er wirklich so? Beides ist schlimm. Ich weiß nicht, ob sie nur spielen, und ich kenne keinen Mann, der mir offenlegen würde, was ein Mann denkt. Das würde mich wirklich interessieren. Oft höre ich, du kannst das nicht so sehen, weil die Männer anders denken als die Frauen. Wie anders als realistisch kann man denken? Vielleicht bin ich da phantasielos, aber ich weiß nicht, wie man noch denken kann, außer Tatsachen zu sehen, zu realisieren und zu kommentieren? Ich kenne rund um mich herum lauter Ehen, die auseinandergegangen sind, weil der Mann etwas

Wahnwitziges gemacht hat. Er hat etwas gemacht, was ein anderer Mensch einfach nicht akzeptieren kann, und dann hat er sich gewundert, daß die Frau sich trennen will. Man müßte diese Männer fragen können, warum hast du das gemacht, was hast du dir dabei gedacht? Vielleicht gibt es ja etwas, was man akzeptieren kann, vielleicht gibt es eine gute Geschichte. Aber nur nach den Tatsachen urteilend, ist es sehr schwer, manches zu akzeptieren. Warum schläft der mit seiner Assistentin, wenn er zu Hause eine wirklich liebe Frau hat, die er erst vor drei Jahren geheiratet hat und die gerade erst sein Baby bekommen hat? Warum kann der andere nicht seine Abenteuerreise verschieben und ein paar Wochen bei seiner Frau bleiben, nachdem sie gerade eine Fehlgeburt erlitten hat? Das sind Fälle aus meinem unmittelbaren Bekanntenkreis. Was ist hier der Hintergrund? Man wünscht sich ja auch, daß der Mann sagt, ich habe das nur gemacht, weil... Man möchte gerne, daß er selbst einen Grund für sein Verhalten angibt, aber das tut er nicht, er dreht sich lieber um und geht und läßt einen grübeln.«

Marika hat aus alldem einen Schluß gezogen, den mittlerweile sehr viele Frauen plausibel finden. Frauen, glaubt sie, sind einfach erwachsener.

»Frauen setzen ganz andere Wertigkeiten als Männer. Wenn ich etwas tun will, denke ich mir immer, was ist es mir wert. Wenn ich die Folgen beachte, will ich es dann immer noch oder will ich es nicht mehr? Ich glaube nicht, daß Männer Wertigkeiten abwägen, daß sie sagen, mir ist das so wichtig, daß ich alles im Leben dafür riskieren würde. Oder: Mir ist das zwar sehr wichtig, aber wenn ich bedenke, was ich dem Partner oder dem Kind vielleicht damit antue oder was sonst noch passieren könnte, dann laß ich es lieber. Es ist doch auch gut, wenn man für sich selber weiß, warum man etwas nicht getan oder doch getan hat, daß man sich selbst gegenüber eine Erklärung abgeben kann. Ich glaube nicht, daß die Männer sich das wirklich überlegen.«

Wir glauben es auch nicht. Das heißt, wir wissen es sogar, weil es uns die Männer gesagt haben. In den Interviews und Geschichten, die folgen, zeichnet sich ein Bild vollkommener männlicher Desorientierung ab. Die Richtlinien für ihre persönliche Lebensführung holen sie sich von Frauen – und dann sind sie böse auf diese Frauen, weil sie sich von ihnen bevormundet fühlen. Als kleine Kinder graben wir mit unserem kleinen Spaten und hoffen, daß wir bis nach China oder zumindest bis zu einem verborgenen Piratenschatz vorstoßen werden. Als Kinder stellen wir uns vor, Winnetou zu sein. Als Kinder träumen wir davon, daß auf dem Grunde des Brunnens eine Zauberwiese und Frau Holle warten oder auch der wilde Riese. Es ist gut, sich Elemente der Kindlichkeit ins Erwachsenenalter hinüber zu retten, aber Cowboy und Indianer zu spielen als Lebensbewältigung ist wenig hilfreich. Der Mann heute ist wie ein Patient in einer Anstalt, der durch die Gänge irrt und behauptet, Julius Caesar zu sein. Und unter dem Arm trägt er ein Buch der neuen Männerliteratur, das ihm weismachen will, daß er es wirklich ist.

(Heißes) Wachs in Frauenhänden

Die erstaunliche Passivität der Männer im Privatleben

Die Aktivität, die Entschlußfreude der Männer ist ein unausrottbarer Mythos, zumindest was den essentiellen Bereich des sozialen Lebens betrifft.
Wenn es um Partnerwahl, Vaterschaft, ja generell um menschliches Miteinander geht,
sind Männer von einer seltsamen Paralyse befallen.
Sie lassen geschehen, werden überrollt, nehmen nicht teil –
und müssen doch auch die Folgen tragen.

Männer sind das aktive Geschlecht, Frauen das passive. So wird Sigmund Freud stets zitiert.

Doch hierbei kann es sich nur um ein Mißverständnis handeln. War es ein Druckfehler, den ein unachtsamer Verlag beim Korrekturlesen nicht bemerkt hat? Oder gar ein Hörfehler einer nachlässigen Freudschen Sekretärin? Denn bestimmt hat Freud es umgekehrt gemeint. Als brillantem Beobachter menschlichen und zwischenmenschlichen Verhaltens kann ihm nicht verborgen geblieben sein, daß Frauen über weite Strecken, wenn auch häufig ungern und widerstrebend, das Männerleben steuern. Daß Männer zwar im Beruf und in der Öffentlichkeit stattliche Wellen schlagen wie eine majestätische Kriegsflotte auf hoher See, daß sie sich aber in den Belangen ihres eigenen Privatlebens von Frauen dirigieren lassen wie ein Schiffchen in der Badewanne.

Die enorme Passivität von Männern fällt nicht unbedingt schon auf den ersten Blick auf. Denn sie ist »nur« auf bestimmte – jedoch absolut essentielle – Lebensbereiche konzentriert. Sie äußert sich auch nicht immer in derselben Form. Manchmal resultiert sie offenkundig aus einer schlichten Handlungs- und Entscheidungsunfähigkeit; der Mann weiß ganz einfach nicht, was er will. Die Frau hingegen weiß es scheinbar ganz genau und setzt sich durch..., zumindest vorübergehend.

Manchmal drückt sich die männliche Passivität in einer ausgeprägten Aggressivität aus. Der Mann verweigert die Entscheidung, vermeidet sogar jegliche klare Aussage und quält damit seine Partnerin, die nie weiß, woran sie ist.

Oder er zwingt sie, die Initiative zu übernehmen, die Entscheidungen zu treffen und die Verantwortung zu tragen, um dann anschließend alles wie ein trotziges Kleinkind zu sabotieren.

Oder aber er hat seine Entscheidung getroffen, will sie aber nicht durchführen, sondern macht die Frau zur Vollstreckerin seines Willens. Das ist zum Beispiel dann der Fall, wenn er sich trennen will, sie aber gern mit ihm leben möchte; dann ist er so unausstehlich oder bricht so oft ihr Vertrauen, bis sie schließlich von sich aus die Trennung verlangt.

Sicherlich klagen Frauen darüber, von Männern tyrannisiert zu werden. Doch ebenso häufig ist die umgekehrte Beschwerde – daß ihre Männer sich im persönlichen Zusammenleben in traumwandelnde Geschöpfe verändern, untüchtig, kraftlos, entscheidungsunfähig. Daß der Partnerin immer mehr Kompetenzen zugewiesen werden, bis sie schließlich für alles zuständig ist; nur um dann festzustellen, daß ihr diese Kompetenz nun zum Vorwurf gemacht wird. Manche Frauen begreifen irgendwann, daß diese beiden Beschwerden eigentlich ein und dieselbe Beschwerde sind; Passivität kann auch eine Form von Tyrannei sein.

Frauen sehen das als individuelles Problem und führen die abenteuerlichsten Erklärungen dafür an. Ihr Mann ist so, meint die eine, weil er in einer persischen Großfamilie aufgewachsen ist. Dort wird man lethargisch; weil man sowieso nie etwas alleine entscheiden darf, gewöhnt man sich an, die Entscheidungen anderen zu überlassen, und behauptet seine Unabhängigkeit, indem man sie anschließend sabotiert.

Ihr Mann ist so, meint eine andere, weil er der Jüngste in der Familie ist. Früher haben seine zwei großen Schwestern alles für ihn organisiert, nun ist sie dran.

Ihr Mann ist so, meint eine weitere, weil er der Älteste in der

Familie ist. Früher war er für alles zuständig, jetzt verweigert er diese Rolle und lebt bei ihr, verspätet, seinen Protest dagegen aus.

»Er ist einfach nicht sehr dynamisch. Im Beruf ist es leider genauso, da läßt er sich auch nur treiben.«

»Er ist im Beruf so dynamisch, daß ihm wahrscheinlich keine Energie bleibt für sein Privatleben.«

Wenn man all diese Erklärungen zusammenfügt, erweist sich jeder Mann als potentiell anfällig.

Und die Frauen, weit davon entfernt, sich über ihre Führungsrolle zu freuen, beklagen die Anhäufung von Ämtern und Funktionen, die ihnen zugeteilt wird. Sie betrachten das nicht als Machtzuwachs – und es handelt sich auch nicht um Macht. Der Mann, der in seinem Privatleben passiv und hilflos ist, ist deswegen noch lange nicht abhängig oder ein Untertan. Eher benimmt er sich wie ein Despot, umgeben von Höflingen, – nur daß diesem Despoten nur ein einziger Höfling geblieben ist.

Was auch immer die jeweiligen Begleitumstände sein mögen, das Ergebnis ist nicht nur für die Frauen ein Problem. Auch für das Männerleben hat diese Passivität dramatische Folgen. Männer heiraten Frauen, obwohl sie sich eigentlich lieber von ihnen getrennt hätten. Sie gründen Familien und bekommen Kinder, die sie gar nicht haben wollen. Und all das geschieht nicht etwa gegen ihren Willen, weil eine dominante Partnerin sie unterdrückt oder manipuliert, sondern es »passiert« ihnen einfach. Vor allem in ihrem Privatleben scheinen Männer oft von einer mysteriösen Paralyse erfaßt zu sein oder mehr noch, von einer seltsamen Wahrnehmungsunfähigkeit.

Widerwillig stolpern sie durch ihr Privatleben, lassen sich treiben, legen sich quer, wissen nicht, was sie wollen, wollen nicht, was sie haben... und vermitteln insgesamt den Eindruck einer großen seelischen Unreife und einer immensen Orientierungslosigkeit.

In einem unserer Interviews, mit einem überaus erfolgreichen, in Fachkreisen als »hart« bekannten Journalisten, zählten wir siebenmal den Begriff »Schock«. Es war ein »Schock« für ihn, daß eine flüchtige Geliebte sich eine Dauerbeziehung erhoffte und ihm nach Frankreich nachreiste, ein »Schock«, daß sie dort schwanger wurde und ihn heiraten wollte, ein »Schock«, daß sie nach der Hochzeit mit ihm eine Kleinfamilienidylle inszenierte, ein »Schock«, daß sie ihm vor einem Monat eröffnet hat, es sei wohl besser, wenn sie sich trennen. Dieser Mann, der für alle innenpolitischen Vorgänge seines Landes eine untrügliche Spürnase zu haben schien, wurde von allen wichtigen Ereignissen seines Privatlebens einfach überrollt.

Und er steht damit nicht allein da: So wie ihm geht es sehr vielen Männern. Wie und mit wem sie leben, ob und wann und mit wem sie sich fortpflanzen, diesen grundlegenden Entscheidungen stehen sie gedankenlos, initiativelos gegenüber. Irgendwann stört sie das dann, und sie tun etwas – irgend etwas. Was nicht schon durch ihre Gedankenlosigkeit zerstört wurde, bricht dann nicht selten durch ihren plötzlichen Aktivitätsschub entzwei.

Die Passivität der Männer beginnt oft schon damit, daß sie den Begriff einer »Beziehung« mit keinen klaren Erwartungen besetzen können. Wie könnte so etwas aussehen? Was will ich? Was brauche ich? Es ist erstaunlich, wie viele Männer auf diese Fragen keine Antwort wissen. Während Frauen sehr viel, oft viel zuviel, in diesen Lebensbereich hineinprojizieren, tun Männer oft so, als hätten sie von einem unbekannten Absender überraschenderweise ein Paket erhalten. Was mag sich darin verbergen? Wollen sie es überhaupt? Ist unter dem Geschenkpapier nicht ein leises tickendes Geräusch vernehmbar? Sollten sie nicht lieber die Annahme verweigern?

Der Wissenschaftler Manfred T. beklagt sich darüber, daß er »als Mathematiker mit meinen Gefühlen nicht richtig umgehen kann. Man gewöhnt sich an, alles ganz logisch durchzudenken, aber bei den Gefühlen geht das so ja nicht. Damit komme ich nicht gut klar. Wenn sich z. B. eine Frau für mich interessiert und ich mich auch für sie, fange ich erst mal an zu überlegen. Bis ich dann endlich einmal will, ist die Frau oft schon wieder weg.«

Nun ist es ihm doch gelungen, diesen Ablauf soweit zu synchronisieren, daß er eine Freundin hat. Wie ist sie denn, diese Freundin? Manfred zögert.

»Ich kann gar nicht richtig auf die Frage antworten, was mir an ihr wichtig ist, was sie mir gibt. Ich versteh' das nicht. In der Mathematik habe ich keine Probleme, da bin ich ein guter, scharfer Denker, da komme ich zum Ergebnis, aber hier... Da habe ich eher das Problem, daß ich gedanklich nicht gut vorwärtskomme, nicht genau weiß, was ich will von einer Frau.«

Nicht nur schrullige Genies brachten diese Klage vor. Der Fotograf Udo H. war zunächst mit einer etwas älteren Frau verheiratet, die er als launisch und temperamentvoll beschreibt. Die Beziehung war sehr stürmisch und von vielen Konflikten und wiederholten Trennungen begleitet, bis schließlich nach acht Jahren der endgültige Bruch zustande kam. »Dieses Auf und Ab ist von ihr ausgegangen, und ich habe es immer schmerzhaft erlebt«, beteuert Udo und kann nicht angeben, worum es bei den vielen Konflikten denn eigentlich gegangen ist. »Ich weiß nicht, wo der ursprüngliche Grund ihrer Aggression lag, dafür bin ich zuwenig selbstreflektierend«, meint er. »Ich habe ihre Art, ihre Eigenschaften als mehr oder weniger gegeben akzeptiert. Es ist sehr schwierig zu sagen, was sie für mich bedeutet hat, denn ich bin mir bis heute in meiner Beziehung zu Frauen nicht ganz bewußt, was es eigentlich ist.«

Heute ist Udo wieder verheiratet, mit einer Japanerin. Das Zustandekommen dieser Ehe schildert er erneut als »Zufall«. Er traf bei einer Fotoausstellung einen ehemaligen Kollegen und erfuhr, daß dieser eine Thailänderin geheiratet hatte.

»Das fand ich interessant – eine Asiatin. Ich habe mir überlegt, wie das wohl ist, mit einem Kulturunterschied zu leben, ich war neugierig, wie diese Frauen im Zusammenleben wohl sind.«

Zwei Wochen später saß er dann bei einem Abendessen zufällig neben einer »Asiatin«, neben einer japanischen Malerin. Sie war sehr schön, und er erinnerte sich wieder an seine Neugierde.

»Wie Japaner so sind, sie geben Visitenkarten aus, und ich habe ihre Karte eingesteckt und sie später angerufen. Wir sind zusammen essen gegangen, und sie war eigentlich sehr abweisend. Daher hat es mich überrascht, als sie mich eine Woche später von sich aus anrief und sich bedankte für den netten Abend. Wir haben uns dann noch mal getroffen, ja und vor einem Jahr haben wir geheiratet... So ist es halt, wie das Leben so spielt.«

Heute ist ihm klar, daß ihn die Neugier und die Exotik angezogen haben, und er fragt sich, ob das ausreichend ist für ein längeres Zusammenleben. »Gesprächsbasis haben wir eigentlich keine, und zunehmend habe ich das Gefühl, daß es besser ist, gar nicht erst mit ihr zu reden, weil sie ohnehin nicht verstehen wird, was ich meine.«

Daß Udo hier einen Kulturkonflikt konstatiert, ist erstaunlich, denn ein »Konflikt« setzt voraus, daß es zunächst einmal Standpunkte, unterschiedliche Standpunkte, gibt. Liebt er diese Frau, die jetzt seine Ehefrau ist? Er weiß es nicht.

»Wenn sie zum Beispiel plötzlich einen Geliebten hätte, einen anderen Mann hätte oder mich verlassen würde, wäre das dann schlimm? Ich weiß nicht, was dann wäre, vielleicht wäre gar nichts. Ich glaube, daß ich mich emotionell nicht so richtig hineinsteigern kann. Aber vielleicht täusche ich mich, vielleicht würde ich dann sehr leiden.«

So viel Unwissen, so viel Desinteresse sich selbst gegenüber – das ist fast nicht glaubwürdig. Und doch ist es eine beständige Klage der Männer, bei ihrem eigenen Privatleben keinen Durchblick zu haben.

Bei Udo mag Gleichgültigkeit eine Rolle spielen. Für ihn ist, wenn seiner Darstellung zu glauben ist, eine Beziehung bloß ein intellektuelles Abenteuer; emotionale Bedürfnisse glaubt er nicht zu haben.

Andere Männer aber erleben sich ganz bewußt als Behinderte auf dem Sektor der Selbsterkenntnis und des Zusammenlebens.

Der Buchhändler Friedrich zum Beispiel trauert immer noch seiner letzten Freundin nach, von der er sich nach fünf gemeinsamen Jahren getrennt hat.

»Ich habe da nicht viel formulieren können«, beschreibt er die Diskussionen, in denen die aufkommenden Probleme gelöst werden sollten. »Ich hatte für mich keine Möglichkeit zu reden. Ich hätte etwas zu sagen gehabt, aber ich habe mir gedacht, das sage ich jetzt nicht. Ich wollte den Konflikt vermeiden, aber er hat trotzdem stattgefunden.«

Diese Beschreibung erscheint nicht schlüssig, zumal Friedrich ein außergewöhnlich artikulierter und auch gesprächiger Mann ist.

Noch rätselhafter wird diese scheinbare Lähmungserkrankung der Männer aber dort, wo es offenkundig um sehr wesentliche, sehr folgenschwere Lebensentscheidungen geht. Warum lassen sie sich hier so leicht das Heft aus der Hand nehmen, auch wenn das sonst gar nicht zu ihrer Persönlichkeit paßt? Denn wenn wir anfangs noch vermuten können, daß Männer sich im Privatbereich einfach deshalb nicht stärker engagieren, weil dieser Bereich ihnen egal ist, so läßt diese Vermutung sich nicht lange aufrechterhalten. Eine eingehendere Beschäftigung zeigt, daß ihnen ihre Passivität auf diesem Sektor sehr schadet. Seelische und körperliche Erkrankungen lassen sich direkt ableiten aus dem Leiden an einem desolaten Privatleben, und dieses Leiden wiederum ist häufig in weiten Teilen selbsterzeugt durch die Unfähigkeit oder den Unwillen, nachzudenken und verantwortungsvoll zu handeln.

Um diesen Zusammenhang zwischen Entscheidungsunfähigkeit und Lebensunglück sichtbar zu machen, können wir uns eine ganz typische männliche Entscheidungssituation ansehen: eine ungeplante Schwangerschaft der Freundin. Wenn es eine archetypische Krisensituation für Männer gibt, dann ist es wohl diese. 40% aller Kinder kommen auch heute noch »ungeplant« auf die Welt, ganz zu schweigen davon, daß hinter jeder Abtreibung auch ein Vater steht, der sich gegen dieses Kind entschieden hat. Die ungeplante Schwangerschaft, das ist also nicht nur eine männliche Angstvision, das ist ein äußerst realistisches Risiko. Wenn diese Situation eintritt, muß eine Entscheidung getroffen werden, und es gibt nicht viele Alternativen. Man kann heiraten und das Kind bekommen. Man kann nicht heiraten, das Kind aber trotzdem in irgendeiner Form von Gemeinsamkeit bekommen. Die Frau kann das Kind alleinverantwortlich aufziehen. Man kann es abtreiben und zusammenbleiben. Man kann es abtreiben und sich trennen.

Viele Männer versuchen trotzdem, sich der Entscheidung zu entziehen, sie der Frau alleine zu überlassen. »Letzten Endes muß *sie* diese Entscheidung treffen«, meinen diese Männer, und ihr Tonfall drückt Aufgeklärtheit aus, eine grundlose, total unberechtigte Aufgeklärtheit, denn ihr Standpunkt ist weder progressiv noch emanzipiert, sondern schlicht und einfach feig. Außerdem drückt dieser Satz durchaus eine sehr klare Entscheidung aus: die Entscheidung, sich zu drücken.
   Aber viele Männer finden sich ab mit der bitteren Einsicht, daß sie beteiligt sind und sich äußern müssen, daß auch ihr Leben von dieser Frage berührt ist. Was tun sie dann? Zwei Männer, zwei Antworten und die langfristigen Folgen ihrer Positionen stellen wir nun vor.

Moritz ist Architekturstudent in Nürnberg. Er ist eher klein, sehnig und quirlig; wäre er Schauspieler, wäre die Rolle des Puck aus dem »Mittsommernachtstraum« ihm wie auf den Leib geschneidert. Die passende Persönlichkeit zu dieser Optik kultiviert er ziemlich bewußt; in der Rolle des Schlimmen, des Spitzbuben, des unverbesserlichen Herzensbrechers fühlt er sich offensichtlich wohl. Gerne zitiert er Selbstgespräche, in denen er sich selber liebevoll rügend als »Moritz, du Arschloch« bezeichnet. Was er wirklich denkt und fühlt, blieb uns auch nach zwei Stunden weitgehend verborgen. Obwohl seine Situation sicher auch für ihn nicht ganz einfach ist und die Prognose für sein privates Glück nicht ohne weiteres positiv ausfällt, ist schwer zu sagen, ob ihn das belastet oder ob er es wirklich so unbeschwert und spielerisch übergehen kann, wie er es darstellt. Die Fassade des Moritz blieb, zumindest in diesem Gespräch, für uns undurchdringbar.

»Meine Freundin war schon einmal schwanger. Das war vor einem Jahr. Damals war die ganze Sache für mich viel eindeutiger. Ich habe panisch reagiert, ich fühlte die klassische männliche Einengung und wollte das Kind nicht haben. Es gab für mich gar kein Zögern. Damals habe ich mit allen Mitteln darauf hingearbeitet, daß das Kind nicht kommt. Ich mußte mir Mühe geben, nett und freundlich zu ihr zu sein, gleichzeitig aber in aller Bestimmtheit darauf hinzuarbeiten, daß die Abtreibung stattfindet.

Im Grunde war das eine Überreaktion meinerseits. Vor ein paar Monaten hat ein Paar aus meiner WG ein Kind bekommen, da hab' ich alles mitgekriegt, von der Schwangerschaft angefangen, und dadurch ist dieses Kapitel für mich viel konkreter geworden, ich kann mir jetzt ganz genau vorstellen, wie so etwas läuft. Dadurch habe ich meine Meinung ein bißchen revidiert.

Obwohl zwischen der letzten Schwangerschaft und der jetzigen nur ein Jahr liegt, so bin ich doch mittlerweile auch in einem anderen Lebensabschnitt. Mein Studium ist fast abgeschlossen, da macht man sich Gedanken darüber, was man denn in Zukunft will. Deswegen empfinde ich diesmal eindeutig keine Panikreaktion, sondern habe die Vorstellung, vielleicht wäre das etwas für mich, vielleicht wäre das ein gangbarer Weg. Auch finanziell ist es machbar, ich habe gute Angebote. Bleibt nur die Frage, kann ich mit dieser Partnerschaft, kann ich mit dieser Frau die nächsten Jahre verbringen?

Meine Freundin hat auf die erste Schwangerschaft zunächst positiv reagiert, mit positivem Erstaunen: Ich bin schwanger, und was passiert hier mit meinem Körper. Zugleich sah sie die Schwierigkeiten in unserem Umgang miteinander. Zu der Zeit war ich noch mit einer anderen Frau zusammen, die in München lebte. Ich wollte diese Beziehung auch unbedingt aufrechterhalten, und das wußte sie, und deshalb sah sie wenig Chancen für uns. Allerdings ist unsere Beziehung heute nicht weniger problematisch. Das Jahr, das mittlerweile vergangen ist, war zum Teil harmonisch, zum größeren Teil aber eigentlich nicht. Weil ich, Arschloch wie ich bin, es einfach wieder nicht auf die Reihe gekriegt habe, mich eindeutig zu ihr zu bekennen, zu ihr zu stehen, sondern ich habe die ganze Zeit über auch noch eine Beziehung zu einer anderen Frau unterhalten. Nicht mehr mit der Münchnerin, das ging dann zu Ende, sondern mit einer Kommilitonin hier. Die gibt es auch jetzt noch. Wir haben uns auf der Uni kennengelernt und gerade zusammen die Schlußexamen bestanden.

Meine erste Freundin, also die Schwangere, ist eine Nachbarschaftsbeziehung, sie wohnt Luftlinie 50 Meter von mir entfernt, wenn ich am Samstag mein Auto gewaschen habe, dann hat sie immer kokett aus dem Fenster geguckt.

Zwei Beziehungen gleichzeitig, das ist immer ein Auf und Ab. Wenn es dir mit der einen gerade gutgeht, geht es mit der anderen ein bißchen schlechter, daraus ergibt sich eine gewisse Parallelität. Die eine Freundin, also die Schwangere, hat diese Doppelbeziehung durchgehend abgelehnt. Sie ist diejenige, die sich emotionell stärker an mich gebunden fühlt, die auch ehrlicher ist und sagt, ich will dich haben, und ich will dich alleine haben. Die andere, also die Architektin, ist eher in der Lage zu sagen, ja es ist ganz nett mit dir, aber ich gucke mich auch selber noch anderweitig um. Sie hat mich nicht so für voll genommen, würde ich sagen. Erst in den letzten paar Monaten hat sie angedeutet, daß sie sich auf mich einlassen würde, so in bezug auf einen gemeinsamen Lebensweg.

Wie es mit mir und der Schwangeren weitergehen soll, ist noch völlig unklar. Es gibt ja nur zwei Möglichkeiten, entweder Abtreibung oder gemeinsame Wohnung, gemeinsam auf engem Raum, im Versuch, das Kind zu erziehen. Ich kann mir mittlerweile beides vorstellen.

Eigentlich habe ich schon damals nach der Abtreibung gemerkt, daß die Sache im nachhinein gar nicht mehr so eindeutig war. Ich war gar nicht mehr so glücklich mit dieser Entscheidung und dachte mir, warum war sie nicht konsequenter, warum wollte sie nicht eindeutiger das Kind haben, vielleicht hätte ich mich dann doch noch mit ihr arrangiert.

Erst gestern haben wir von der Schwangerschaft erfahren, also definitiv, vom Arzt. Dabei war für mich seit Monaten klar, daß ich Nürnberg ganz bestimmt verlasse, ich wollte erst mal ein halbes Jahr reisen, allein, und danach wollte ich einen Job in Frankfurt annehmen. Es war eigentlich klar, wir wollten uns trennen, also die Schwangere und ich. Meine Kommilitonin dagegen hat durchaus daran gedacht, vielleicht auch wegzugehen von Nürnberg, vielleicht auch nach Frankfurt zu ziehen. Dazu hatte ich noch keine klare Meinung, ob ich das wollte oder nicht, hingegen war bei der schwangeren Freundin klar, daß wir uns trennen würden. Eigentlich ist ja, so rein von der Persönlichkeit und den gemeinsamen Interessen her, die Architektin viel eher dazu geeignet, meine Partnerin zu sein. Ich könnte sie mir recht gut als, das klingt jetzt komisch, als die ›Mutter meiner Kinder‹ vorstellen, während die Schwangere für mich eigentlich eher eine körperliche Attraktivität besitzt, also das heißt, sie hat mir einfach optisch sehr gut gefallen.

Wenn ich zurückblicke, dann sind Geschichten mit zwei Frauen für mich leider sehr typisch. Meine erste sexuelle Beziehung war mit der Mutter einer Schulfreundin, das hatte noch den zusätzlichen Reiz der Heimlichkeit, denn natürlich durfte das keiner erfahren. Im Grunde waren das immer recht unverbindliche Sachen, für mich, und es gab gar keine richtige Trennung, sondern war mehr so ein Kommen und Gehen. Ich habe nie so richtig viel investiert damals. Nur einmal gab es eine Situation, wo sich eine Frau richtig eindeutig von mir getrennt hat, wo ich dann erst im nachhinein merkte, was mir da verlorengeht. Da habe ich auch erstmals darunter gelitten. Das war eine sehr lebendige, lustige Frau, die im Grunde lange in mich verliebt war und ich eigentlich eher an ihrer besten Freundin interessiert war. Ich dachte mir dann, vielleicht ginge es ja doch mit allen beiden, aber diese Frau war dann konsequent und sagte, nein, sie macht das nicht, ciao. Das hat mich zum ersten Mal etwas tiefer berührt, so daß ich merkte, Moritz, du Arschloch, was hast du jetzt wieder getan. Was machst du eigentlich mit den Gefühlen anderer Menschen.

Ich glaube, daß es für mich wichtig ist, diese Bestätigung zu erfahren, die aus solchen vertrackten Situationen kommt. Wenn ich mit mehreren Menschen zusammen bin, dann summiert sich für mich ja auch die Zuneigung, die Aufmerksamkeit, letztendlich auch diese Liebe. Ich glaube, daß ich das einfach brauche, diese Bestätigung in anderen Bereichen aber nicht erzielen kann und auch nicht will. Sicher ist das auch eine Methode, nicht zuviel Nähe aufkommen zu lassen.

Das ganze Spiel der letzten paar Jahre ist dafür bestimmt symptomatisch: dieses Schaukelspiel, immer zwischen zwei Frauen, von denen die eine immer ein bißchen vernachlässigt wird... Auf der einen Seite ist das die Möglichkeit, Nähe zu haben und gleichzeitig Nähe zu verhindern.

Ich fühle mich manchmal unwohl damit, es gibt wirklich

Momente, wo ich mir denke, das ist kein Zustand. Vor allem wenn ich merke, daß ich einer anderen Person weh tue damit, denn das will ich nicht, und das schmerzt mich dabei. Bei dieser Münchnerin, der habe ich weh getan, und das war mir nicht recht. Sie hat doch sehr darunter gelitten, als sie mitbekam, daß die andere von mir schwanger war. Und es war nicht nur die damalige Schwangerschaft, sondern es gab noch mal zwei kleine Verhältnisse, wirklich nur so Affären. Mit der Münchnerin war ich drei Jahre zusammen, und in dieser Zeit habe ich keine echten anderen Beziehungen gehabt, aber Verhältnisse, und das hat sie gemerkt, ich habe es zum Teil erzählt, zum Teil nicht erzählt. Es war eine problematische Situation aufgrund dieser Distanz. Auf meine Freundin, die dann schwanger wurde, war sie besonders eifersüchtig, weil sie wußte, die wohnt in meiner nächsten Umgebung, die stellt tatsächlich eine Konkurrenz dar. Aber der Grund für die Trennung war meine mangelnde Offenheit. Ich hatte ihr von dieser Beziehung erzählt, auch von der Schwangerschaft, aber ich hatte ihr verheimlicht, daß es da noch mal zwei klitzekleine Affären gab. Das hat sie erfahren durch einen Brief, den sie auf meinem Schreibtisch fand. Dieser Beziehung habe ich lange Zeit nachgetrauert, weil sie für mich den Typ von Frau dargestellt hat, der mich lange interessiert hätte und der auch richtig gewesen wäre für mich. Sie war deutlich erwachsener als ich, sie hat ein interessantes Leben geführt.

Jetzt muß also bald eine Entscheidung fallen. Ich tendiere wohl eher ein bißchen dazu, dieses Kind jetzt zu kriegen, obwohl ich nicht weiß, wie lange das gutgehen kann. Meine Freunde sind sehr besorgt, sie meinen, daß es mit dieser Frau nicht lange gutgehen kann, und das sehe ich auch eher so. Ein Kind kann ich mir gut vorstellen, aber ich werde ganz bestimmt weiterhin andere Frauenbeziehungen haben, so gut kenne ich mich. Ich denke, daß ich diese Entscheidung meiner Freundin überlasse, und wenn sie das Kind bekommt, dann gehe ich nicht nach Frankfurt, dann bleibe ich eben hier.«

Moritz' Tonfall bei dieser Erzählung ist ungetrübt heiter. Sein unverbindlicher Plauderton und seine amüsierte Selbstreflexion überspielen die Tatsache, daß es schließlich auch für ihn um einiges geht. Ob er ein Kind bekommt, in Nürnberg bleibt und dort in einer Kleinfamilie lebt, oder ob er sich von seiner Freundin trennt und eine Weltreise macht, um anschließend in Frankfurt eine Stellung anzunehmen, das ist für ihn eine fundamentale Lebensentscheidung. Und dennoch tut er so, als ob es eine Bagatelle wäre, die mit ihm wenig zu tun hat.

Gelassen blickt er der Möglichkeit ins Auge, daß er jetzt bald Vater werden und mit einer Frau zusammenziehen könnte, die für ihn laut eigener Einschätzung die falsche Partnerin ist, bei der ihn bloß anfänglich eine körperliche Attraktivität anzog, mit der er kaum gemeinsame Interessen hat. Von der Frau hingegen, die er sich als »Mutter seiner Kinder« vorstellen könnte, würde er sich in diesem Szenario ebenso gelassen trennen. Was ist von dieser Geschichte zu halten?

Auffallend ist in jedem Fall Moritz' Passivität. In einer besonders verräterischen Passage wünscht er sich sogar, daß seine Freundin mehr Stärke gezeigt hätte, daß sie bereits bei der ersten Schwangerschaft eine konsequentere, »eindeutigere« Haltung bezogen und ihn damit »vielleicht« mitgezogen hätte.

Diese Stärke wünscht er sich aber von der falschen Person und aus falschen Gründen. Er wünscht sie sich von einer Partnerin, die ihm eindeutig unterlegen ist: die jünger ist, die noch studiert, die aus einem sozial schwachen Elternhaus kommt und Moritz eher anhimmelt, als daß sie ihn kontrollieren würde. Und er wünscht sie sich nicht, weil er dann endlich für sich selber in klaren Verhältnissen leben und auch selber »eindeutig« empfinden würde, sondern weil er sich dann – eine sehr aufschlußreiche Formulierung – »vielleicht mit ihr arrangiert« hätte. Das ist auffallend blutleer und kühl ausgedrückt, wenn man das Gewicht der Entscheidung bedenkt.

Dazu paßt auch seine eigenartige Gewohnheit, den Frauen in seinem Leben keinen Namen zu geben. Obwohl es seine

Erzählung viel umständlicher machte, bezeichnete er diese Frauen stets als »die Schwangere«, »die Münchnerin«, »die Verheiratete« usw., und nicht als die Gabi oder die Uschi.

Aber es wäre zu einfach, in ihm bloß einen Möchtegern-Don-Juan zu sehen. Wie ernst er es meint, wenn er beteuert, anderen Menschen ungern weh zu tun, ist schwer abzuschätzen. Offenkundig ist dagegen, daß er mit seinem eigenen Leben auch nicht sorgfältiger umgeht.

Und doch gestaltet er sein Schicksal. Er überläßt eine sehr wichtige Entscheidung – Kind oder nicht, gemeinsame Erziehung dieses Kindes oder nicht – seiner Freundin. Gleich-
ie Sache, wie auch immer
ehen wird. Das tut er ziem-
vahren: Denn weil er – auf
:den hat, ist er auch nicht
bunden. Er kann so weiter-
das hat er auch vor. Seine
iich alleine haben«, aber die-
n. Schon jetzt steht für ihn
ideale Partnerin ist und daß
andere Frauenbeziehungen
bereits jetzt eine subjektive
; gewährleistet. Er läßt die
inn aber ihre Entscheidung.
eine glückliche Familie; die
il Moritz sich schon jetzt

Auch für sich selbst und für sein zukünftiges Kind zerstört er damit von vornherein die Chance für ein harmonisches Zusammenleben. Offenbar glaubt er, die Distanz und die Bestätigung, die ihm nur eine verzweifelte und verunsicherte Partnerin geben kann, dringender zu brauchen als ein langweiliges Glück.

Ob beim fröhlichen, frechen Moritz wirklich alles ganz nach

seiner Lust und Laune verlaufen wird? Ob er sich eine kleine Familie mit der süßen, ihm aber nicht ebenbürtigen »Schwangeren« einrichten und daneben seine Karriere und sein Liebesleben weiterführen kann?

Wir haben aber die Möglichkeit, quasi wie im Zeitraffer, einen Blick in die Zukunft zu tun. Indem wir uns das Interview mit Anton ansehen, der vor 19 Jahren in ziemlich genau derselben Situation wie Moritz war.

War Moritz zumindest äußerlich fröhlich und entspannt, tritt Anton uns ganz anders gegenüber. Seine ehemals schwarzen Haare sind grau meliert, sein Körperbau ist etwas untersetzt, er wirkt seriös. Anton ist keineswegs spitzbubenhaft verspielt, sondern sehr ernst. Vor einem Jahr hatte er einen Herzinfarkt, gefolgt von einer Schrittmacheroperation. Dieses Ereignis hat ihm einen fundamentalen Schock versetzt, hat ihn selbstkritisch und sehr nachdenklich gemacht. Der Zufall, daß auch Anton Architekt ist, erleichtert noch zusätzlich das Gedankenspiel: Haben wir hier nicht vielleicht Moritz vor uns, Moritz in 18 Jahren?

Anton ist 39 Jahre alt und beruflich gut situiert, solide, gehobene Mittelschicht. Gefühlsmäßig geht es ihm weniger gut. Er ist in der sehr unerfreulichen Situation, Bilanz ziehen zu müssen über sein bisheriges Leben. Und mit dieser Bilanz kann er nicht sehr zufrieden sein. Seine Ehe ist schlecht, seine Frau erfüllt von weitgehend berechtigten Ressentiments gegen ihn, und der spielerische Elan, mit dem er als jüngerer Mensch mit solchen Umständen umgehen konnte, ist ihm mit den Jahren abhanden gekommen.

»Ich habe meine Frau bei einem Faschingsball kennengelernt, an der Uni. Am besten hat mir ihr Selbstbewußtsein gefallen; sie hat nach außen hin den Eindruck erweckt, daß sie ganz genau weiß, was sie will und wie sie es kriegen kann. Zugleich war sie ein konservatives, liebes Mädchen aus gutem Elternhaus, sehr weiblich. Ich glaube aber, daß das dominante Element in meiner Frau mich damals sehr angezogen hat, obwohl mir das zur Zeit vielleicht nicht klar war.

In der Anfangszeit ging die Initiative sicher mehr von meiner Frau aus. Wenn man es kraß formulieren will, gehöre ich zu den Männern, die eingefangen worden sind. Zum Beispiel gab es einmal eine Studienreise, und meine Frau hat einfach gesagt, da fährt sie mit, obwohl ich eigentlich schon mit einem Freund verabredet war und gar nicht vorhatte, sie mitzunehmen.

Schon damals gab es Differenzen, aber dann war es immer meine Frau, die für uns beide die Dinge klargestellt hat. Zum Beispiel die erste geschlechtliche Begegnung. Die war nicht sehr erfüllend, zumindest aus meiner Sicht, aus ihrer bestimmt auch nicht oder noch weniger. Es war das erste sexuelle Erlebnis für uns beide, eine vollkommen ungewohnte Situation, mit der ich schon rein technisch nicht gut zu Rande kam. Danach war meine Gefühlslage sehr negativ, ich fühlte mich rundum unwohl und wußte nicht so recht, was das Ganze jetzt zu bedeuten hatte. Meine Frau hat aber dann sehr klar gesagt, daß das nun ein verbindlicher Schritt zwischen uns gewesen sei, und ich hätte ja gewußt, was das für sie bedeutet. Was ja stimmte. Sie war da schon sehr energisch, will ich damit sagen. Sie hat die Linie vorgegeben. Das heißt nicht, daß das einer Verlobung gleichkam oder so; so altmodisch war sie auch wieder nicht. Aber für sie war schon klar, daß wir nun eine ernsthafte Beziehung hatten, und sie hat das auch so formuliert. Ich habe das nicht unbedingt so gesehen. Ich habe mich etwas von ihr zurückgezogen, habe aber andererseits nicht die Beziehung abgebrochen, was ich ja hätte tun können. Vielleicht habe ich auch nur mit ihr gespielt und erwartet, daß sie auf mich zukommt, daß sie diejenige ist, die sich an mich gebunden fühlt.

In meinen Zukunftserwartungen spielte eine Ehe zu der Zeit noch überhaupt keine Rolle, das war alles ziemlich ohne Konzept, das ergab sich so. Und es ergab sich schon hauptsächlich aus der Aktivität meiner Frau, die halt in bestimmten Situationen immer wieder auf mich zugegangen ist. Ich war damals in Berlin, ging dann aber nach Aachen. Das habe ich bewußt gemacht, weil sie dort nicht studieren konnte, ihr Spezialgebiet gab es dort nicht. Mir wurde alles zu eng, auch die Verbindung zu ihr, ich wollte weg. Sie ist mir dann aber nachgefahren. Plötzlich stand sie da und hat gesagt, sie gibt ihr Studium auf, um auch in Aachen sein zu können. Das war ein ziemlicher Schock für mich, das wäre ja eine enorme Verpflichtung gewesen, wenn ich so quasi dafür verantwortlich bin, daß diese Frau ihr Studium hinwirft. Um das zu vermeiden, bin ich lieber wieder nach Berlin gegangen. Für eine andere Lösung hätte mir damals klar sein müssen, was ich eigentlich will. Das hätte ich genauer wissen müssen, aber ich wußte es nicht. Ich wußte nicht einmal, daß es eine Notwendigkeit gibt, sich klarzumachen, was man in bezug auf eine Beziehung, in bezug auf eine andere Person exakt will.

Als dann diese Schwangerschaft passierte, war ich schon sehr überrascht. Ich dachte nicht unbedingt an Heirat, aber es war klar, daß ich dazu stehen würde, wie man so schön sagt. Das stand nicht zur Diskussion, es war also keine Entscheidungssituation. Aber ein Schock war es schon. Die Schwiegereltern haben sich dann sehr großzügig verhalten, damit ich fertigstudieren konnte, aber trotzdem habe ich verschiedentlich herumgejobbt, um kein Schmarotzer zu sein.

Ich bekam kurz nach der Geburt unseres Sohnes eine sehr schwere Lungenerkrankung. Heute sehe ich das in einem Zusammenhang mit der Situation, der ich nicht gewachsen war und die ich nicht gewollt hatte. Es heißt ja, daß Erkrankungen ihre eigene Sprache haben. Seit meinem Herzinfarkt beschäftige ich mich mit solchen Fragen. Wenn das stimmt, bedeutet eine Lungenerkrankung wohl so etwas wie »ich kriege keine Luft mehr«.

Meine Frau hat ihr Studium abgeschlossen und ein paar Jahre gearbeitet, dann hat sie gesagt, daß sie lieber noch ein Kind haben und sich der Familie widmen will. Das war für mich damals wie mit der Ehe, ich habe es hingenommen. Das sage ich aus meiner heutigen Sicht. Damals war es eher so, daß sich diese Entscheidung selbstverständlich so ergeben hat, und mir ist jetzt klar, daß ich da eigentlich gar nicht mitgewirkt habe. Wir haben auch nicht richtig darüber gesprochen, sondern meine Frau hat mir eher so nach und nach gesagt, was in ihr vorgeht und was sie vorhat. Daß das so gelaufen ist, lag sicher daran, daß ich ihr signalisiert habe, daß ich ihr alles überlasse. Alles Private, alles, was mit Familie zu tun hat. Ich habe mich als Person nicht klar dargestellt, so daß da ein Leerraum war, den meine Frau gefüllt hat. Meine Frau hatte ziemlich klare Vorstellungen; sie hatte im Kopf so ein Modell von einer Ehe, das sie umsetzen wollte, und darauf hat sie hingearbeitet. Ich habe mich beeinflussen lassen, da hatte ich keinen inneren Kompaß und war in manchen Situationen ein schwankendes Rohr im Wind.

Andererseits bin ich in meinem Beruf ziemlich erfolgreich, gelte sogar als harter Verhandlungspartner, also muß ich wohl auch Qualitäten haben, die auf entschiedenes Handeln ausgerichtet sind. Aber was meinen persönlichen Bereich anbelangt, ist es halt anders.

Aus heutiger Sicht weiß ich, daß die Ehe für mich zu früh kam. Unsere Interessen waren auch sehr unterschiedlich. Als unser Kind ein Jahr alt war, ging ich ins Ausland, allein, als Assistent zu einem berühmten Architekten. Das hat mir viel gebracht und war so eine Art Single-Dasein. Da gab es dann auch noch mal verschiedene Frauenbeziehungen. Meine Frau erzählte mir später, daß sie davon keine Ahnung hatte und nichts merkte; sie saß da blauäugig in Berlin und dachte, ich tu halt noch was für meine Ausbildung.

Im Lauf meiner Ehe hat es auch danach immer wieder mal andere Frauen gegeben. Diese anderen Frauen, das waren Gelegenheiten, Gelegenheitssachen. An eine Trennung habe ich nie gedacht. Diese Beziehungen waren immer nur kurz, waren auch qualitativ etwas völlig anderes. Ich habe sie nicht gleichwertig gesehen zu meiner Ehe, wollte das auch nicht. Aber ich wollte das machen.

Wir bekamen dann unser zweites Kind, das eine schwere Behinderung hatte. Meine Frau hat sich Vorwürfe gemacht, ob sie während der Schwangerschaft vielleicht dies oder jenes falsch gemacht hätte. Dann wollte sie es unbedingt selber pflegen, was aber nicht möglich war. Wir mußten es in ein Heim geben. Meine Frau hat dann überlegt, ob sie nicht wieder berufstätig werden sollte, und ich habe das sehr unterstützt. Sie wollte aber auch noch ein Kind haben, das hat dann auch geklappt, und nun arbeitet sie halbtags, und unsere Jüngste ist 13.

Vor einem Jahr gab es einen Einbruch in meiner Verfassung. Ich hatte einen Herzinfarkt und danach eine Operation. In mir hat das einiges ausgelöst, es war ein Wendepunkt. Wir suchen jetzt nach einer Lösung für den Rest unseres Lebens. Wichtig ist dabei natürlich, ob wir zusammenbleiben oder nicht und auf welcher Basis wir eventuell zusammenbleiben.

Der Weg, auf den meine Frau immer aus war und noch ist, das ist eine Identität von Gefühlsleben und äußerem Rahmen, wo also die Frau und der Mann sich gegenseitig bereichern und die Bedürfnisse des anderen ziemlich total abdecken.

Ich hingegen glaube, daß das nicht funktioniert, daß es das gar nicht geben kann. Diese zwei Kreise werden sich nie dekken, wie meine Frau sich das vorstellt. Sie werden sich immer nur in einem Teilbereich decken, Gott sei Dank. Das ist mir sehr recht. Es soll auch jeder einen Bereich für sich haben – nur der gemeinsame Teil sollte halt harmonisieren, so stelle ich mir das vor.

Dabei geht es weniger um äußere Sachen. Sie kann es heute schon eher akzeptieren, daß ich mal etwas Eigenes mache. Obwohl... vor zwei Jahren bin ich mal auf Knall und Fall mit meinem besten Freund nach Marokko gefahren, und das hat bei meiner Frau beinahe so etwas wie einen inneren Zusammenbruch ausgelöst, weil ich gesagt habe, das mache ich jetzt, und du fliegst nicht mit. Das hat sie schlecht verkraftet. Es war mir auch nicht klar, was für eine Verletzung das für sie sein würde.

Aber es gibt Bereiche, wo ich denke, ich muß raus, ich versäume mein Leben. Das geht meiner Frau bestimmt genauso.

Ich kann nicht sagen, ob wir zusammenbleiben werden oder nicht. In den letzten Jahren haben sich bei uns erhebliche Kommunikationsschwierigkeiten ergeben, wir verstehen uns zum Teil überhaupt nicht mehr, und das macht mich dann ganz verrückt. Wenn ich versuche, jemandem etwas zu erklären, woran mir viel liegt, und ich merke aus allen Antworten, daß ich überhaupt nicht ankomme, daß diese Person überhaupt nicht erfaßt, worum es mir geht..., das ist einfach schrecklich. Zum Beispiel sind meine Frau und ich vor einem halben Jahr auf Urlaub gefahren, sicher mit dem Plan, Zeit miteinander zu verbringen und uns wieder näherzukommen, aber auch, um vielleicht zu einer Klärung zu kommen.

Wir haben uns ausgesprochen, und ich habe ihr gesagt, daß ich das Gefühl habe, daß sie mir von ihrer Grundhaltung her nicht mehr wohlwollend gegenübersteht. Daraufhin hat sie mir geantwortet, daß sie mir doch nie geschadet hätte. Da hatte ich das Gefühl, ich versuche, ihr etwas zu sagen, was für mich sehr wichtig ist, und sie antwortet zwar mit etwas, was in der Nähe liegt, aber eben überhaupt nicht das trifft, was ich meine.

So etwas betrachte ich schon als gravierenden Kernpunkt. Wenn man das nicht hinkriegt, dann hat es eigentlich keinen Sinn. Dann kann man noch wegen des äußeren Rahmens zusammenbleiben, aber eine substantielle Beziehung ist es nicht mehr.

Diese Sicht der Dinge ist bei mir ziemlich neu. Vorher hatte ich nur so ein dumpfes Gefühl. Es gab in unserer Beziehung früher auch aggressive Ausfälle von mir, wo ich dann gesagt habe, du nimmst mich überhaupt nicht wahr. Das war ein typischer Satz von mir, im Streit. Und das war auch der Kern der Sache. Ich sollte der Traummann sein, der sie immer bedingungslos liebt und sie immer auffängt.

Kürzlich gab es eine Familienkrise. Unsere Tochter ist schwanger geworden. Diese Schicksalsstunde hätte ich zwar beinahe wieder verschlafen, aber ich habe mir dann doch noch rechtzeitig ins Bewußtsein gerufen, was sich da eigentlich abspielt, nämlich eine Wiederholung meiner eigenen Geschichte. Meine Tochter studiert noch, ihr Freund auch, und dann hat sie sogar noch lachend gesagt: ›Wir machen dir aber auch alles nach, Mutti.‹ Darüber konnte ich überhaupt nicht lachen, ich fand das ganz schlimm. Fast wäre das über die Bühne gegangen, ohne daß ich mich dazu überhaupt äußere. Wir sind alle beisammen gesessen, im Wohnzimmer, und alle waren schon halbwegs euphorisch, und meine Frau hat sich zu mir umgedreht und gemeint, ich solle doch auch zugeben, daß ich mich freue. Ich habe das aber nicht gesagt, sondern habe gesagt, daß Tina sich das sehr genau überlegen muß, ob sie das Kind wirklich behalten will, damit das wenigstens wirklich eine bewußte Entscheidung ist. Das war ein Schlag für alle, daß ich so etwas überhaupt nur denken konnte, aber ich fühlte mich verpflichtet, das zu sagen.

Wenn ich mir vorstelle, mich von meiner Frau zu trennen, ist mir nicht ganz klar, was ich dann vermissen würde. Wenn ich meine Frau anschaue, dann habe ich unterschiedliche Gefühle. Manchmal ist da so ein warmes, nahes Gefühl, und ich denke, wir haben so vieles an gemeinsamer Geschichte, an Katastrophen, an schönen Dingen, das muß doch eine Basis hergeben. Dann wieder empfinde ich eine fast unüberwindbare Entfremdung. Meine Frau hat auch etwas sehr Stures, oft habe ich den Eindruck, daß sie irgendetwas vorhat, und ich weiß nicht, was es ist.

Natürlich würden bei einer Trennung die geordneten Bahnen durcheinandergeraten. Der Alltag, der Haushalt. Aber ich denke, das sind Äußerlichkeiten, das läßt sich bestimmt regeln. Das ist eine Frage der Organisation. Wichtiger ist die emotionale Seite. Ich glaube schon, daß ich das Bedürfnis nach einer intensiven, tiefen Beziehung habe.

Gleichzeitig ist es so, wie schon gesagt, daß es in meiner Ehe immer wieder mal andere Frauen gegeben hat. Aus meiner Sicht waren das alles unverbindliche Sachen, aber aus der Sicht dieser Damen war das absolut nicht unverbindlich. Und auch für meine Frau hat es sich nicht so dargestellt. Für sie war das sogar ein großes Problem. Da gab es zum Beispiel eine Situation aus dem beruflichen Umfeld, die war eigentlich sehr eigenartig. Ich hatte eine Beziehung zur Tochter des Inhabers meiner Firma. Die Mutter dieser Frau ist dann zu meiner Frau gegangen und hat ihr vorgeschlagen, daß sie doch akzeptieren soll, daß es neben ihr noch eine zweite Frau geben würde.

Meine Frau hat natürlich empört reagiert, sie konnte es gar nicht fassen, daß ihr ernsthaft ein solcher Vorschlag unterbreitet wird von einer seriösen Familie. Ich war natürlich nicht vorinformiert, meine Freundin und ihre Mutter haben das ausgeheckt, ohne es mit mir zu besprechen.

Das war für mich ja überhaupt auch das Interessante an der Geschichte: daß die Damen das ohne mich besprochen haben. Was *ich* eigentlich will, hat niemanden interessiert, weder die eine noch die andere.

Meine Frau fand den Vorschlag verrückt, völlig verrückt. Noch heute geht sie schwer damit um, es war besonders unangenehm, weil diese Frau beruflich mit mir zu tun hatte und sich da verschiedene Ebenen vermischten. Aus meiner Perspektive war da aber nicht viel, es war für mich nur ein sexuelles Erlebnis, das sich einfach ergeben hatte. Als es vorbei war, hatte ich eigentlich ein ähnliches Gefühl wie damals, als ich mit meiner Frau zum ersten Mal geschlafen habe, nämlich ein ganz negatives. Und Angst vor den Konsequenzen.

Ursprünglich hatte meine Frau keine Beziehungen zu anderen Männern. In den letzten Jahren hat sie dann einige diesbezügliche Versuche gemacht. Irgendwann, während einer Ehekrise, hatten wir ja vereinbart, daß wir eine offene Ehe führen wollten, in der auch andere Beziehungen möglich sein sollten. Zuerst habe ich das in Anspruch genommen, dann meine Frau, wogegen ich prinzipiell ja kaum etwas einwenden kann. Aber die Art, wie meine Frau es gemacht hat, hat mich dann schon sehr verletzt; sie hat mir ihre Verhältnisse an den Kopf geworfen, wenn sie von mir etwas erfahren hatte, sozusagen als Retourkutsche. Es war klar, daß es ihr gar nicht um diese Männer ging, sondern daß sie mich treffen, mich vorsätzlich verletzen wollte. Als ich zum Beispiel einmal mit einer anderen Frau verabredet war, hat sie mir plötzlich eröffnet, sie sei schwanger, wisse aber nicht von wem, ob von mir oder von ihrem Freund, und daher würde sie das Kind auf jeden Fall wegmachen lassen. Das ist ein totaler Bruch zu der Art, in der sie sonst spricht und sich sonst verhält. Es hat auch nicht gestimmt, sie war nicht schwanger.

Sie war sicher sehr verzweifelt, während unserer Ehe, manchmal sogar in einem besorgniserregenden Zustand. Sie bekam so Anfälle, dann fuhr sie zu dem Haus, wo unser behindertes Kind lebt, und parkte ihr Auto und saß einfach da, ganze Nächte lang. Sie verschwand einfach, und wenn ich nach der Arbeit heimkam, war sie nicht da, und die Kinder waren allein und wußten nicht, wo sie war. Das waren demonstrative Akte, die aus einer inneren Verzweiflung kamen. Sie war dann manchmal völlig außer sich, hatte überhaupt keinen Halt mehr.

Ursprünglich hatte ich mal ganz andere Vorstellungen von meinem Leben. Meine Frau dagegen hält, glaube ich, immer noch an ihrem ursprünglichen Weltbild fest. Von ihrem konservativen Familienbild ist sie bis heute nicht abgerückt.«

Hier haben wir, fast lehrbuchmäßig, die Konsequenzen der männlichen Passivität vor uns.

In seinem Auftreten und seiner äußeren Erscheinung ist Anton eindeutig der Vertreter einer selbstbewußten Mittelschicht. Er ist konservativ gekleidet und wirkt in Körpersprache und Diskurs resolut und dominierend. Wenn er sagt, daß er als Mann »eingefangen wurde« von einer dominanten Frau, dann klingt das zunächst sehr erstaunlich. Und doch scheint es sich um eine authentische Empfindung zu handeln. Objektiv gegenübergestellt, ist sein Part der weitaus angenehmere. Objektiv betrachtet, hat er am gemeinsamen Unglück erheblich mehr schuld als seine Frau. Auch für das junge Mädchen aus konservativer Familie war es vermutlich ein Schock, ungeplant schwanger zu werden. Es war kein Vergnügen, mit dem Baby allein gelassen zu werden, während ihr Mann eine berufliche Fortbildung machte, um so mehr, als sie erfuhr, daß er sich dort nicht abarbeitete und die restliche Zeit vor Sehnsucht verzehrte, sondern daß er im Gegenteil ein zweites Junggesellenleben genoß und Frauenbeziehungen hatte. Auch für die Frau war es schrecklich, ein schwer behindertes Kind zu bekommen. Daß sie, etwa um diese Zeit herum, eine »offene Ehe« akzeptieren mußte, um ihren Mann überhaupt noch halten zu können, hat ihren seelischen Zustand bestimmt nicht gebessert. Ihr extremes Verhalten – die nächtlichen Fahrten zum Pflegeheim, in dem ihr behindertes Kind lebt, ihre Untreue aus Rache, ihre Depressionen und unkontrollierten Ausbrüche – weist auf einen extremen Leidensdruck hin.

Anton läßt unterschwellig erkennen, daß er seine Frau als Hauptverantwortliche am gemeinsamen Unglück betrachtet. Schließlich war sie die »dominante« Person, diejenige, die für beide entschied und definierte und sich über sein Zögern und seine Ambivalenz hinwegsetzte. Und es ist in der Tat nicht schwer, ihre Fehler auszumachen. Sie hat sich einem Partner aufgedrängt, der sie nicht wirklich haben wollte. Obwohl schon ersichtlich gewesen sein muß, daß er dieser Beziehung mit großen Vorbehalten gegenüberstand und ihr eigentlich entfliehen wollte, reiste sie ihm nach Aachen nach. Sie bedrängte ihn mit dem Angebot, für ihn ihr Studium aufzugeben. Sie verfolgte das Konzept einer Familie mit Hausfrau und Mutter, obwohl das nicht unbedingt dem Lebenskonzept und dem Frauenbild ihres Partners entsprach. Anton hat sicherlich recht mit der Feststellung, daß seine Frau ihn in vieler Hinsicht gar nicht wirklich wahrnimmt, sondern ihn bloß als Vollstrecker ihrer Lebensbilder sieht. Hierin hat sie einen sehr entscheidenden, sehr verhängnisvollen Fehler gemacht.

Andererseits war Anton weder willen- noch hilflos, auch wenn er sich tendenziell so darstellt. Er wußte von Anfang an ganz genau, woran er mit ihr war: Sie wollte heiraten, betrachtete eine sexuelle Beziehung als sehr bedeutungsvoll und war konservativ und religiös. Keiner zwang ihn, ausgerechnet mit einer solchen jungen Frau zu schlafen. Schon gar nicht mußte er die Beziehung fortsetzen, nachdem sie ihn mit der Ernsthaftigkeit ihrer Absichten erschreckt hatte, indem sie ihm nach Aachen folgte. Und ganz bestimmt mußte er nicht erneut mit ihr ins Bett gehen, nachdem er – angeblich widerwillig und nur, um nicht die Verantwortung für sie übernehmen zu müssen – nach Berlin zurückgekommen war. Die klare Mitteilung, daß er sich von ihr trennen wollte, hätte genügt, um die lästige Freundin rechtzeitig loszuwerden. Anton aber hat niemals einen solchen Satz gesprochen. Er hat vielleicht still in sich hineingezweifelt, ob sie seine ideale Partnerin sei, aber eine Trennung hat er nie versucht. Er erklärt das damit, daß er keine Klarheit hatte; nicht wußte, was er wollte und was seine zwischenmenschlichen Interaktionen überhaupt bedeuteten. Statt darüber nachzudenken, ließ Anton eine Serie von »Überraschungen« geschehen. Anton läßt uns vermuten, daß nicht nur Freud die Dinge verkehrt herum gesehen hat. Auch die Märchen irren, denn nicht die Prinzessin ist es, die schläft. Die Prinzen schlummern, scheinbar unter einem düsteren Zauberbann, und schrecken nur hin und wieder hoch, um heftig gegen alles zu protestieren, was während ihrer letzten Schlafphase passiert ist.

Erst jetzt beginnt Anton allmählich, sein Privatleben ehrlich zu reflektieren. Bisher hat er auf die diversen Ereignisse und

Schicksalsschläge mit körperlichen Leiden reagiert, die sich im Lauf seines Lebens an Ernsthaftigkeit steigern.

An seiner Frau, sagt Anton, gefiel ihm am besten ihr »Selbstbewußtsein«. Sie weiß, was sie will, und sie geht initiativ vor, um es zu erreichen, aber nur im Bereich des Privatlebens. Sie wählt den Mann aus, bekommt von ihm ein Kind, entscheidet sich dann für ein zweites Kind, entscheidet sich gegen die Berufstätigkeit und dafür, daß Anton die Familie allein ernähren soll – scheinbar ganz allein, mit Anton als willenlosem Instrument. Sie bekommt, was sie will – aber es geht ihr nicht gut dabei. Dafür sorgt Anton, der sie mit seinen Affären unglücklich macht. Will er damit Initiative, Unabhängigkeit beweisen, um seine sonstige Passivität zu kompensieren? Analog zur Reise nach Marokko, die auch als Unabhängigkeitserklärung gegenüber der Ehefrau konzipiert war? Das wäre eine mögliche Interpretation. Anton beschreibt seine Seitensprünge jedoch auch wieder im Vokabular der Passivität; sie waren »Gelegenheiten«, die sich ergaben. Auch hier sieht er die Frauen wieder in der Rolle der Aggressoren, der Handelnden, der Denkenden. Seine Geliebte und deren Mutter überlegen sich einen Plan und gehen damit zu seiner Ehefrau; sie kommen gar nicht auf die Idee, auch ihn zu befragen. Hier wird bei Anton eine gewisse Bösartigkeit, zumindest eine häßliche Gleichgültigkeit spürbar, denn für seine Frau muß diese Situation entsetzlich gewesen sein: erschreckend, peinlich und, da es sich um die Chefin ihres Mannes handelte, auch bedrohlich. Er aber, der Anlaß des ganzen Dramas, schildert sich als unschuldigen Verhandlungsgegenstand der drei Frauen.

Unbestreitbar ist bei alldem, daß Anton leidet. Das Gefühl der Beengung spricht er an mehreren Stellen an, und es ist in Anteilen absolut nachvollziehbar. Den Wunsch seiner Frau, sie mögen vollständig ineinander aufgehen, identifiziert er zu Recht als beängstigend, und gesünder ist seine eigene Vorstellung, daß sich immer nur »Teilbereiche« decken können. Auch sein Gefühl, von der Partnerin gar nicht als Person wahrgenommen zu werden, sondern das Objekt ihrer Projektionen zu sein, mag zutreffen. Was Anton aber nicht hinreichend erkennt, ist sein eigener Anteil daran. In dieser Beziehung sind beide Menschen sehr unglücklich, die Frau mindestens so sehr wie Anton. Sie ist manchmal »außer sich«, sie hat »keinen Halt mehr«, sie begeht extreme Handlungen, die auf eine große Verzweiflung schließen lassen. Diese Augenblicke werden zum Teil von Anton bewußt erzeugt, indem er ihr tiefe und ängstigende Kränkungen zufügt. Sie ist in einem »besorgniserregenden Zustand«, aber Anton ist nicht besorgt; statt dessen entzieht er ihr immer wieder den emotionalen Halt, den sie brauchen würde. Sehr offensichtlich verspürt er große Ressentiments gegen sie, denn seine Affären geschehen nicht aus Liebe und nicht aus einem starken Bedürfnis heraus, sondern sind – in seiner Darstellung – für ihn belanglos. Wenn das stimmt, und er gefährdet für eine Belanglosigkeit das seelische Gleichgewicht seiner Partnerin, dann ist sein Verhalten nur als bösartig zu interpretieren. Wenn er seiner Frau also vorwirft, ihm »nicht mehr wohlwollend gegenüberzustehen«, dann beruht das auf Gegenseitigkeit und ist ein schreckliches Fazit für ein so langjähriges Zusammenleben, aus dem drei Kinder hervorgegangen sind. Daß er nicht mehr auf das »Wohlwollen« seiner Frau vertrauen kann, ist kein Mißverständnis und zeigt auch nicht, daß sie ihn oder seine diesbezügliche Frage nicht verstanden hat. Er hat ihr Wohlwollen mutwillig zerstört aus Gründen, die nicht einsichtig sind, und ohne für sich selber irgendeinen Nutzen daraus zu ziehen.

Und Moritz? Wenn wir in ihm, zumindest in Teilaspekten, einen jungen Anton erkennen, dann können wir unser Porträt der männlichen Passivität noch erweitern. Wir können dann vermuten, daß sowohl mangelnder Ernst als auch mangelnder Respekt vor dem Leben anderer Menschen dieser Passivität zugrunde liegen. Sexuelle und emotionale Kontakte stellen sich in dieser Weltsicht für viele Männer als etwas Irreales dar, etwas, was die anderen Menschen (vor allem die weiblichen) jedoch ernst nehmen. Die Frauen lieben, sind traurig oder eifersüchtig, wollen heiraten, verspüren Nähe und Schmerz und Sehnsucht, aber der Mann selbst steht so gleichgültig über diesen Dingen, daß er nicht einmal eine Meinung dazu hat. Heiraten oder nicht? Kind kriegen oder nicht? Diesen Entscheidungen steht er gelassen gegenüber, sie sind schließlich nicht so bedeutungsvoll. Kaffee oder Tee? Ach, egal, was schneller geht.

Vielleicht sind Männer hier Opfer ihrer Geschlechterrolle, die ihnen vorschreibt, den Beruf ernst zu nehmen, aber das Privatleben als Nebensache zu betrachten. Bis sie dann, mit installiertem Herzschrittmacher (auf die Symbolik, daß so viele Männer eine Maschine brauchen, damit ihr »Herz« überhaupt noch tickt, wollen wir gar nicht näher eingehen), auf ein Leben zurückblicken, dessen potentiell wertvollste Momente sie verschlafen, verschenkt oder sonstwie ruiniert haben.

Ein Schritt vorwärts, zwei Schritte zurück
Nähe und Distanz – ein Eiertanz

Panisch reagieren sie auf Verbindlichkeit, Verläßlichkeit, Gefühlsforderungen, Emotionstiefe.
Um andererseits verzweifelt und mit allen Tricks einzufordern, wenn das ihnen vorenthalten wird.
Das ständige Pendeln zwischen Distanz und Nähe, ist das ein brauchbares Mittel, die pubertäre Furcht vor Vereinnahmung und Kontrollverlust zu mildern?

»Ich wünsche mir schon eine feste Beziehung bis auf weiteres, von mir aus sogar ›bis daß der Tod uns scheidet‹, aber ich merke, daß ich es nicht kann, daß in mir immer wieder eine stark zerstörerische Kraft wirkt.« Hans, 27, Dortmund

Es gibt ein Wort, auf das Frauen und Männer vollkommen unterschiedlich reagieren. Eigentlich könnte die Sportmedizin sich die umständlichen Analysen sparen und, falls Zweifel an der Geschlechtszugehörigkeit von Athleten aufkommen, einen ganz einfachen akustischen Test anwenden. Der mit der Untersuchung Beauftragte müßte nur an den Sportler herantreten und ihm oder ihr leise das Wort »Nähe« ins Ohr flüstern. Wenn sich bei der getesteten Person sofort die Nackenhaare alarmiert aufstellen, dann ist es: ein Mann. Wenn sich hingegen die Atmung wohlig verlangsamt und ein Ausdruck des Behagens sich auf dem Gesicht ausbreitet, dann ist es: eine Frau.
Aber so einfach ist es nicht. Auch Männer wollen Nähe, brauchen sie, suchen sie. Auch Frauen brauchen Abstand. Und trotzdem bleibt dieser Punkt kontrovers und ist in vielen Beziehungen ein latenter Krisenherd. Männer handeln oft extrem, wenn sie das Gefühl haben, Distanz zu brauchen. Frauen handeln oft extrem wenn sie fürchten, daß ihnen Nähe verlorengeht.
Die Arbeit des Interviewers ist spannend, weil er immer wieder mit erstaunlichen Gesichtspunkten, ganz anderen Le-

bensphilosophien und vielfältigen Erfahrungen konfrontiert wird.

Für einen solchen authentischen Augenblick des Erstaunens sorgte der Frankfurter Medizinstudent Martin. Er erzählte uns, daß er bisher in seinen Liebesbeziehungen wenig dauerhaftes Glück gefunden hätte. Für ihn war das wiederholte Scheitern seiner Beziehungen sogar ein Anlaß, in eine Männergruppe zu gehen, um seine Gefühle und die Gründe für sein Verhalten näher kennenzulernen. Und dennoch, vertraute er uns an, gab es in jeder Beziehung zwei wirklich schöne Augenblicke. Da war erst einmal die Situation, in der man eine neue Frau kennenlernte, mit dem ganzen Nervenkitzel und der ganzen Spannung, die damit verbunden sind. Und dann gab es noch den herrlichen Augenblick, in dem man sich von dieser Frau wieder trennte, das ganze Gewicht einer komplizierten Beziehungskiste von sich warf und als freier Mensch von dannen zog.

Mit Faszination vernahmen wir diese Sichtweise. Denn für viele Menschen ist es gerade umgekehrt. Für viele Menschen ist bereits das »Aufreißen« einer neuen Beziehung eine eher stressige Angelegenheit; und eine Trennung wird gar mit Krise, Konflikt und Kränkung assoziiert. Für Martin aber waren gerade Anfang und Ende einer Beziehung besonders beglückende Momente – und der normale Mittelteil bloß die notwendige Durststrecke, um die beiden Höhepunkte zu inszenieren.

»Die Phase der Beziehungsaufnahme ist für mich immer spannend, da fühle ich mich wohl, da kriege ich was für mich. Das hat mit Sich-Darstellen zu tun, das ist für mich ein Spiel.

Andererseits fühle ich mich auch sehr wohl, wenn ich es geschafft habe, aus einer Beziehung wieder rauszukommen. Wenn ich gesagt habe, du, es ist so und so, es ist aus, und wenn ich dann aus dem Zimmer und dem Haus rausgehe, dann kommt auch wieder so ein Augenblick, in dem ich mich richtig gut fühle.«

Beachtenswert, daß Martin in diesem Zusammenhang den Begriff »Spiel« benutzt. Erfreulich ist eine Beziehung für ihn nur, solange sie nicht ernst ist, ihm noch nicht – oder nicht mehr – nahegeht. Beklemmend ist hingegen die Zeitspanne, in der zusammengelebt werden, in der Nähe empfunden werden soll. Martin erkennt das und kann sehr gut beschreiben, wie er darauf reagiert:

»Emotionale Situationen in einer Beziehung zu einer Frau sind mir unangenehm. Gelegentlich fliehe ich dann lieber, als drinzubleiben. Ich kann mich schnell beengt fühlen. In sehr intensiven Gesprächen zum Beispiel neige ich sehr zu vegetativen Reaktionen, ich fange an zu schwitzen und werde rot.«

Manchmal gibt sich Martin der Phantasie hin, »eine Frau kennenzulernen, eine Nacht mit ihr zu verbringen und sie dann wieder loszulassen. Ich habe das noch nie erlebt, aber ich habe diese Vorstellung, ich male mir das in Gedanken auch als schön aus, habe dabei aber so ein ungutes Gefühl, irgendwie stimmt da etwas nicht. Ich möchte es gerne einmal erleben, um zu sehen, was dahintersteckt. Eine andere Ebene in mir aber sagt, das ist nicht gut, das macht dich auch nicht glücklich.«

Das Pendeln zwischen Nähe und Distanz zieht sich durch so manches Männerleben wie ein roter Faden. Erfindungsreich bringen Männer es immer wieder fertig, die Komponente der Distanz in ihre Liebesbeziehungen einzubringen. Zum Repertoire ihrer Distanz-schaffenden Maßnahmen gehören Untreue, geographische Entfernung, berufliches Überengagement und häufiger Beziehungswechsel. Auch Unklarheit über die Bedeutung einer Beziehung ist eine geeignete Methode, um zuviel Nähe zu vermeiden.

Erstaunlich viele Männer machen es so wie Dieter. Über seine mittlerweile drei Jahre andauernde Beziehung sagt er: »Zwischen uns ist vieles ungeklärt, nichts Halbes und nichts

Ganzes, aber es ist auch nicht so, daß es komplett vorbei wäre.«

Ein Schwebezustand dieser Art läßt sich erstaunlich lange aufrechterhalten.

Viele Wege führen zum Ziel, wenn es darum geht, eine stabile und nahe Zweisamkeit zu verhindern. Dabei ist den Männern nur manchmal bewußt, daß sie ein solches Ziel verfolgen. Ralph fällt lediglich auf, daß sich in seinen Liebesbeziehungen ein seltsames Muster wiederholt:

»Entweder die Frau investiert in mich und verliebt sich, zeigt mir das, macht Geschenke und tut alles für mich, dann kann ich es nicht erwidern. Oder es ist umgekehrt, ich verliebe mich und sie nicht.«

Ralph betrachtet das als eigenartigen Zufall. »Das ist meine Problematik, und ich weiß nicht, wie es weitergehen soll, da ich immer zwischen diesen Extremen pendle.«

Im Verlauf des Gesprächs wird allerdings fraglich, ob ihm dies wirklich immer ganz zufällig passiert. Seine jüngste Beziehung zum Beispiel, eine Sekretärin, die er in einer Single-Bar kennenlernte, beschreibt er folgendermaßen:

»Sie hat mich sofort in ihrer Ausstrahlung fasziniert. Wir haben gesprochen, es ging recht schnell, und ich war sehr begeistert. Das Ganze mündete dann in einer Abmachung, wo sie nach kurzer Zeit sagte, daß sie eigentlich keine Nähe möchte. Ich wollte eine verbindliche, romantische Liebesbeziehung, und das wollte sie nicht, und das hat sie auch immer gesagt. Die Beziehung wurde auf dieser Basis geführt, und ich habe mich verliebt.«

Beachtenswert ist hier die Reihenfolge; Ralph hat sich verliebt, *nachdem* klar geworden war, daß die Frau keine Verbindlichkeit wollte. Seine Partnerin hat von Anfang an klargestellt, was sie will und was sie nicht will. Interessant in diesem Zusammenhang ist auch die funktionale Sprache, die Ralph anwendet. Er spricht von einer »Abmachung« und von der

»Basis«, auf der die Beziehung geführt wurde – eine sehr geschäftsmäßige Formulierung, die akkurat das zugrundeliegende emotionale Tauschgeschäft ausdrückt. Ralph bekommt eine Partnerin, bei der er seine Gefühle ausleben darf, weil kein Risiko besteht, daß diese Gefühle erwidert werden und so die Beziehung zur Verpflichtung wird. Sein Emotionsdefizit wird von Partnerinnen ausgeglichen, die sich wiederum in ihn verlieben; hier kann er dann der emotionale Empfänger sein.

Die Schaffung von Distanz und Abstand in Beziehungen ist ein so beständiges Ziel von Männern, daß es sich lohnt, die beliebtesten Techniken näher zu beschreiben.

Distanz durch emotionales Splitting

Ralph, den wir gerade als Beispiel nahmen, wendet eine Technik an, die wir als emotionales »Splitting« bezeichnen können. Damit vermeiden Männer die in ihren Augen gefährliche allzu große Nähe zu einer Partnerin, indem sie das Objekt ihrer Zuneigung einfach »zerstückeln«, sozusagen zwei- oder dreiteilen. Der dahinterliegende Gedanke – oder sagen wir besser »Impuls«, denn dieses Vorgehen ist nicht wirklich intellektuell durchdacht, sondern folgt einem psychologischen Mechanismus – ist, daß eine einzige Frau nicht zu wichtig werden darf. Wäre sie gleichzeitig Geliebte, Vertraute, Freundin und Partnerin, dann wüßte sie zuviel, käme sie zu nahe, wäre ihr möglicher Verlust zu schmerzhaft. Frauen dagegen sehnen sich nach genau dieser Kumulation von Eigenschaften – sie wollen einen Mann, der ihnen gleichzeitig Geliebter, Vertrauter, Freund und Partner sein kann.

In besonders schöner Klarheit ist dieses Splitting bei Matthias, einem 24jährigen Computerverkäufer in Bremen, zu beobachten. »Meine Situation ist komisch«, erzählt er. »Die Frau, die in mich verliebt ist, und die Frau, mit der ich schlafe, und die Frau, in die *ich* verliebt bin – das sind drei verschiedene Personen.«

Matthias hält das für eine beeindruckende, einmalige Zufallskonstellation, die auf diesem Planeten nur ihn allein betrifft, aber seine Situation ist in Wirklichkeit keineswegs ungewöhnlich. Die Umstände variieren, aber das Muster ist sehr verbreitet.

Matthias' drei Frauen, das ist einmal Sibylle, in die er verliebt ist. »Ich kann mich mit ihr angeregt unterhalten, und ich finde sie einfach toll. Sie gefällt mir, sie ist genau mein Frauentyp. Das Problem ist nur, daß sie anscheinend keine Veranlassung sieht, sich in mich zu verlieben. Wir schlafen miteinander, hin und wieder, aber für sie hat das offenbar keine verbindliche Bedeutung.«

Dann gibt es Hannah, seine regelmäßigere Sexualpartnerin. Sie ist eine vielbeschäftigte Juristin, die beruflich ständig reisen muß. Matthias betrachtet sich als nützlicher Sexualpartner auf Abruf: »Wir mögen uns, ich finde sie nett, und es ist auf beiden Seiten klar, daß es sich um eine Zweckgemeinschaft handelt. Da gibt es keine Komplikationen.«

Schließlich gibt es noch Katrin. »Die hat ziemliche Probleme, denn sie wurde vor einiger Zeit vergewaltigt und kommt nicht darüber hinweg. Ich kannte sie vom Studium, wir waren damals in einer großen Clique, und ein paar ihrer Freundinnen und ich kümmern uns seit dieser Geschichte relativ viel um sie. Sie hat sich dann sehr an mich geklammert, wobei es mich wundert, daß sie sich da eher an einen Mann hält als an ihre Freundinnen. Und sie hat sich auch in mich verliebt, das hat sie mir schon mehrmals gesagt. Ich habe sie furchtbar gerne, aber ich bin nicht in sie verliebt. Ich mag sie, und ich bin gern für sie da, wenn sie in der Krise ist – sie kippt häufig um und kriegt Zustände, und man merkt, daß sie das Ganze noch mal durchlebt –, aber ich liebe sie nicht.«

Ohne Schwierigkeiten läßt sich erkennen, daß diese drei Frauen das emotionale Leben von Matthias sehr ordentlich unter sich aufteilen. In Sibylle ist er verliebt. Auch wenn die Beziehung in seiner Beschreibung ziemlich zerebral klingt, Sibylle ist das Objekt seiner Gefühle und Zukunftshoffnungen. Hannah ist seine Sexualpartnerin, wobei auch diese Beziehung sehr von Pragmatik und kontrolliertem Gefühl geprägt ist. Katrin liebt ihn, und in dieser Beziehung ist auch Matthias emotional eigentlich am stärksten beteiligt. Er gibt Zuwendung, Fürsorglichkeit und Mitgefühl. Wenn Katrin sich in ihn verliebt hat, dann sicherlich auch deshalb, weil er ihr in ihrer Krise so gefühlvoll zur Seite steht. Aber das kann Matthias nur, weil er sich von ihr innerlich abgegrenzt hat; er liebt sie nicht und hat auch nicht vor, daran etwas zu ändern.

Distanz durch die Wahl einer distanzierten Partnerin

Distanz wird unter anderem auch gesichert durch eine sehr gezielte und sorgfältige Partnerinnenwahl. Es wird eine Frau gesucht, die Distanz verspricht: weil sie zum Beispiel eine Persönlichkeit hat, die mit dem eigenen Charakter ziemlich unvereinbar ist, oder weil sie ein bißchen abweisend wirkt, weil sie geographisch weit entfernt lebt, weil sie viel älter oder viel jünger ist und ganz anders denkt. Die Garantie der Distanz ist manchmal natürlich zugleich eine Garantie dafür, daß diese Beziehung scheitern wird – etwa zum Beispiel bei charakterlicher Unverträglichkeit.

Und manchmal basiert die Partnerinnenwahl auch auf einem Mißverständnis.

Peter zum Beispiel gefiel an seiner Freundin, daß sie eine »sehr stille Person war. Es war sehr schwer, an ihre Gedanken heranzukommen. Ich wußte oft nicht, was sie denkt, und sie hat mir in einem Gespräch auch einmal verboten, danach zu fragen. Ich habe mich dann auch immer daran gehalten, was ich im nachhinein als Fehler empfinde. Aber dieses Geheimnisvolle an ihr, das hat mich gereizt.«

Im nachhinein stellte sich dann heraus, daß sich hinter dem faszinierenden Schweigen der Freundin eine Unsumme von unausgesprochenen Beschwerden aufstaute. Seine Freundin war nicht still, weil sie nichts zu sagen hatte oder nicht gern über Gefühlsdinge sprach. Sie war nur schüchtern und erhoffte sich von einem Partner die allmähliche Schaffung einer Vertrauensbasis, auf der sie sich öffnen könnte.

Unterschiedliches Verhalten (und daraus resultierende abweichende Erwartungen), das für das erste Kennenlernen zwischen Männern und Frauen leider immer noch typisch ist, ist solchen Mißverständnissen förderlich. Der Anwalt Manfred Lampelmeyer beobachtet sehr richtig, daß es zwischen Männern und Frauen immer noch eine archaische Art von »Balzverhalten« gibt. In den Anfangsphasen einer Beziehung ist der Mann typischerweise sehr interessiert und sehr aufmerksam, während die Frau häufig etwas reservierter ist und abwartet. Daraus ziehen beide Seiten dann den falschen Schluß. Die Frau glaubt zu erkennen, daß dieser Mann sehr an ihren Gedanken und Gefühlen interessiert und sehr gesprächig ist. Der Mann glaubt zu erkennen, daß diese Frau eine angenehme Ausstrahlung von Distanz und Kühle hat. Beim Zusammenleben dann legen beide Seiten ihr Werbeverhalten ab: Die Frau wird gefühlvoller, und der Mann legt sein Interesse an Gefühlen und Empfindungen ad acta und geht zur Tagesordnung über.

Was eine »distanzierte Frau« für die innere Mathematik eines Mannes bedeutet, erkennen wir besonders deutlich bei Peter und Denise. Solange die Frau reserviert ist, kann der Mann es sich leisten, viel Emotion zu zeigen. Wird sie emotional, muß er reservierter werden, gerade so, als ob es einen vorgeschriebenen Abstand gäbe, der unbedingt einzuhalten ist. Eineinhalb Meter, sonst schmilzt das Ego, und der Mann löst sich auf. Aus der vergleichenden Soziologie wissen wir, daß Menschen tatsächlich verinnerlichte Bedürfnisse nach Distanz haben – und daß diese je nach Kultur sehr verschieden sind und erlernt werden müssen. Menschen der Mittelmeerkulturen und im arabischen Raum ertragen sehr viel mehr körperliche Nähe; sie treten näher an andere Menschen heran, können eng mit Fremden zusammensitzen, ohne sich bedrängt und bedroht zu fühlen. Mitteleuropäer hingegen, und Amerikaner ganz besonders, brauchen einen größeren Abstand. Wenn ein Fremder zu schnell auf sie zugeht und ihnen zu nahe kommt, fühlen sie sich extrem unwohl. Möglich, daß auch Männer und Frauen – wie zwei verschiedene Kulturen – gelernt haben, ein unterschiedliches Maß an Nähe tolerieren zu können.

Denise und Peter jedenfalls haben, was Nähe anbelangt, scheinbar eine ideale Symbiose gefunden. Denise ist die Wahrerin des Abstands und macht es Peter damit möglich, in dieser Beziehung den emotionalen Part zu übernehmen.

Denise kommt aus Jamaika und lebt in New York, wo sie für eine große Modefirma in der PR-Abteilung arbeitet. Peter ist Deutscher, Broker bei einer internationalen Beratungsfirma. In dem Interview kommt das Pendeln zwischen Distanz und Nähe besonders deutlich zum Vorschein.

Denise: Wir haben uns durch einen Freund kennengelernt. Meine Firma hat in München eine Niederlassung, und ich fliege zweimal im Jahr hin. Wir lernten uns kennen im..., lassen Sie mich nachdenken... Es ging gerade um die Herbstlinie, also muß es Frühling gewesen sein. Und wir fanden einander sympathisch, aber mit der Zeit wurde mehr daraus. Anfangs dachte ich nur, daß es nett wäre, einen Mann zu kennen in einer Stadt, in der man sich regelmäßig aufhält. Aber dann wurde mehr daraus, zu meiner Überraschung.

Wissen Sie, ich stehe eigentlich nicht sehr auf Beziehungen. Ich bin nicht der Typ dafür. Eigentlich fand ich es perfekt so, wie es war: zweimal im Jahr mit einem netten Kerl eine lustige Woche verbringen.

Peter: Ich sah es anders, von Anfang an. Ich habe gleich gespürt, daß es mehr sein wird als eine flüchtige Affäre, und ich habe mich sehr für diese Beziehung eingesetzt. Jetzt sehen wir uns jeden Monat, mindestens aber jeden zweiten Monat.

Denise: Unsere längste Trennung war für 40 Tage. Sicher, das ist lang. Man wünscht sich dann schon manchmal, daß die andere Person da wäre, daß man sie sehen könnte. Aber man weiß auch, daß das eben nicht möglich ist.

Peter: Wenn man sich so selten sieht, dann ist das Zusammensein natürlich sehr intensiv. Man will alles in diese kurze Zeit hineinstopfen. Und es dauert auch immer eine Weile, bis man sich wieder aneinander gewöhnt hat. Man ist nicht sofort wieder an dem Punkt, den man beim letzten Mal erreicht hat. Mit der Zeit wird das vielleicht besser werden, wird sich das normalisieren. Aber diese ersten Stunden, der erste Tag eigentlich, da ist man noch sehr zu. Gleichzeitig fühlt man sich sehr lebendig, man nimmt die andere Person sehr intensiv wahr.

Als ich diesmal kam, hatte ich irgendwie das Gefühl, nach Hause zu kommen. Und dieses »nach Hause«, das ist Denise. Denn ich hasse New York, ich könnte hier niemals leben. Ich habe auch noch nie wirklich mit einer Frau zusammengelebt, ich bin ein guter Single. Aber Denise vermittelt mir ein Gefühl von Zuhause, von Vertrautheit.

Denise: Ich lebe irrsinnig gerne allein. Anfangs hatte ich Angst vor seiner Heftigkeit. Ich habe befürchtet, daß seine Intensität mich abstoßen würde. Er ist ein Romantiker. Und ich bin gerne mit ihm zusammen, sehr gerne. Ich kann sehr viel Zeit mit ihm verbringen, aber ich könnte nicht jeden Tag mit ihm zusammensein. Ich brauche Platz. Ich brauche meine eigene Ordnung.

Peter: Manchmal denke ich, daß in dieser Beziehung eigentlich *sie* die Deutsche ist.

Denise: Ich habe viele Freundinnen in den Dreißigern. Manche sind ganz verzweifelt, sie wollen unbedingt heiraten, aber das kann ich nicht verstehen. Warum können sie nicht ihr Leben, ihre eigene Gesellschaft genießen?

Peter: Ich brauche meine Unabhängigkeit auch. Was unsere Zukunft betrifft, daran denke ich nicht. Ich denke immer nur bis zu meinem nächsten Urlaub, den ich mit Denise verbringen kann.

Denise: Ehe, Kinder, daran denke ich nicht. Vor allem Kinder will ich eigentlich keine haben. Es verändert zu viel.

Peter: Ein Schlüsselwort für uns ist wahrscheinlich »Selbstsucht«. Wir sind beide sehr selbstsüchtig.

Allerdings hat unsere Beziehung auch Regeln. Monogamie zum Beispiel ist eine Regel. Absolut; sonst ginge es nicht. Das wäre zu schmerzhaft, wenn einer von uns eine weitere Beziehung hätte.

Denise: Eine zweite Regel ist: Wir sprechen nicht über die Zukunft. Das ist verboten.

Peter: Und wir bleiben in engem Kontakt. Wir telefonieren jeden Tag, oft mehrmals am Tag. Dabei allerdings kann die Geographie, und der damit verbundene Zeitunterschied, zum Problem werden. Ich rufe sie gerne abends an, bevor ich schlafen gehe. Der Arbeitstag liegt hinter mir, ich bin in sentimentaler Stimmung, es ist Nacht... Aber bei Denise ist es erst Nachmittag. Sie steckt noch mitten in der Hektik, sie hat keinen Kopf für Sentimentalitäten. Das war ein Problem, daher schreibe ich jetzt Briefe. Was mit Tatsachen und Information zu tun hat, das besprechen wir am Telefon. Was mit Gefühlen zu tun hat, das steht im Brief.

Denise: Ich liebe seine Briefe, sie sind sehr schön, wirklich sehr schön.

In dieser Beziehung ist der Mann eindeutig der engagiertere, emotional präsentere Teil. Aber nicht deshalb, weil er der Bindungswilligere ist. Peter macht sehr deutlich, wo die Grenzen seines Engagements liegen, und seine romantischen Worte haben immer einen Subtext, der sie eigentlich wieder zurücknimmt. Er hat, obwohl er 34 ist, noch nie mit einer Frau zusammengelebt. Und als Objekt seiner Liebe hat er sich jetzt eine Frau ausgesucht, die von Anfang an und sehr deutlich ihre eigenen Grenzen verteidigte. Sie will allein leben. Eigentlich könnte sie sich ebensogut vorstellen, eine Beziehung zu haben zu einem Mann, den sie nur zweimal im Jahr für jeweils eine Woche sieht. Zuviel Nähe treibt sie eher in die Flucht. Bei dieser Partnerin kann Peter es sich leisten, der Gefühlvolle zu sein. Wenn er Denise in ihrem Zusammenleben als die »Deutsche« bezeichnet, dann ist das mehr als nur ein liebevoller Scherz. Tatsächlich hat er Denise hier seine, die »männlichere«, Rolle zugewiesen. Sie hat seinen Part übernommen und es ihm damit möglich gemacht, liebevoller, gefühlvoller, »weiblicher« zu sein.

»Du liebst gar nicht diese Frau, du liebst bloß diese Situation«, hat sein bester Freund ihm vorgeworfen, erzählt Peter stirnrunzelnd und etwas erbost. Dieser Vorwurf mache ihn ärgerlich, weil er nicht stimme. Und dennoch enthält dieser Satz eine Wahrheit. Zweifellos lieben beide nicht nur einander, sondern auch die Situation – die Situation, die es ihnen möglich macht, angesichts ihrer jeweiligen Persönlichkeitsstruktur gefahrlos zu lieben. Solange diese Stimmigkeit der Erwartungen erhalten bleibt, kann die Beziehung gut laufen.

Distanz durch Untreue

Bei Peter und Denise besteht die Distanz auf der Grundlage und der Erfüllung ihrer beider Vorstellungen und Wünsche. Die nächste, rein statistisch wahrscheinlich häufigste Distanzierungsmethode ist demgegenüber die häßlichste. Sie beruht nicht auf der Übereinstimmung der Wünsche, sondern auf Lüge, Betrug und einer sehr großen, oft einseitigen Verletzung.

Untreue – damit kann man sehr effektiv Distanz herstellen. Weil dieses Vorgehen so häufig und für die betroffenen Frauen so dramatisch ist, widmen wir dieser Methode ein eigenes Kapitel. An dieser Stelle ist dazu nur anzumerken, daß die betreffenden Männer – wahrscheinlich, weil sie selber wissen, daß besonders diese Methode sehr unlauter und sehr häßlich ist – dazu einen auffallend schizophrenen Standpunkt einnehmen. Sie vermitteln den Eindruck, es handle sich um eine nur halbbewußte Vorgehenssweise. Viele Männer erzählen, daß ihr Hang zu Affären immer wieder für Konflikt und Krisen in ihrer Beziehung sorgt, stellen dies aber als ein schreckliches Mißverständnis dar: Das seien doch bloß »klitzekleine« Affären, flüchtige Bettgeschichten, die ihnen »einfach passiert« sind, die sich »einfach ergeben« haben, die aber »nichts bedeuten«. Es sei wohl nicht schön von ihnen, daß sie immer wieder schwach werden, aber letzten Endes sei es doch wiederum nicht *so* bedeutungsvoll. Leider aber würden ihre Partnerinnen oder Ehefrauen das völlig überbewerten und grundlos außer sich geraten.

Bereits im nächsten Satz ist so mancher Mann dann aber absolut imstande, sein eigenes Verhalten akkurat zu durchschauen und zu erläutern. Seine Neigung, immer zwei Beziehungen auf einmal zu haben, erkannte einer unserer Gesprächspartner zum Beispiel ganz klar als

»Methode, nicht zuviel Nähe aufkommen zu lassen. Dieses Schaukelspiel (zwischen zwei Partnerinnen) bot auf der einen Seite die Möglichkeit, Nähe zu haben, auf der anderen Seite aber auch Nähe zur jeweils ›anderen‹ Frau zu verhindern.«

Zu einer der beiden Frauen empfindet der Mann stets eine größere Nähe und auch Verbindlichkeit; gleichzeitig aber weiß diese Frau immer, daß sie eine Rivalin hat.

Mißtrauen und Kränkung schaffen Abstand, aber in einer nicht sehr gesunden, konstruktiven Weise.

Distanz durch Unverbindlichkeit

Auch die »Politik der Unverbindlichkeit«, von Männern ausführlich betrieben, stellt in aggressiver Weise den gewünschten Abstand her. Die Interviews mit Männern sind durchzogen von Formulierungen, die ihre gezielte Halbherzigkeit im Privatsektor illustrieren. »Ich habe nicht viel investiert in diese Geschichte.« »Für mich hatte das keine große Bedeutung. Für manche der Damen leider offensichtlich doch.« »Wir haben uns getrennt, aber nicht hundertprozentig.« »Sie wollte ständig Klarheit haben.«

Schlagworte wie »Bindungsunfähigkeit« oder »Bindungsangst« werden diesem Phänomen nicht gerecht.

Und auch, wenn Männern nachgesagt wird, daß Sex und Liebe für sie zwei verschiedene Dinge sind, so ist auch diese Unterscheidung noch zu undifferenziert. Denn es gibt keine eindeutigen Trennungslinien. Vielmehr hat das Hinundherlavieren der Männer das Ziel, emotionale Barrikaden zu errichten, Gefühle aufzuteilen und säuberlich zu verhindern, daß emotional zuviel in eine einzige Person investiert wird.

Wenn Frauen das an Männern erkennen, unterstellen sie ihnen eine zumindest latent böse Absicht. Und es stimmt auch, daß Männer mit dieser Technik immer die Oberhand behalten.

»Ich will in einer Beziehung nicht der demandeur sein«, vertraute uns ein Geschäftsmann an. Der »demandeur« bei geschäftlichen Verhandlungen ist derjenige, der etwas haben will und schon allein deshalb in der schwächeren Position ist. Will man gute Bedingungen aushandeln, muß man stark wirken, ein bißchen gleichgültig, so, als ob es einem ziemlich egal wäre, ob das Geschäft zustande kommt oder nicht. Das bedeutet, auf zwischenmenschliche Beziehungen übertragen, daß man auch hier seine Bedürftigkeit nicht zeigen darf, um nicht in der schwächeren Position zu sein.

Trotzdem ist es nicht immer Kalkül, wenn Männer ihre Gefühlswelt aufsplitten. Wenn sie ihre Situation beschreiben, wird mitunter auch die Unfreiwilligkeit ihres Verhaltens deutlich.

Udo ist 26 und arbeitet als Techniker am Flughafen. Er blickt bisher auf drei »wichtige« Beziehungen zurück, die alle ähnlich abliefen.

»Meine erste Freundin wollte, nachdem wir zwei Jahre zusammen waren, heiraten. Für mich stand das aber nicht zur Diskussion, es war zu früh, zuviel war in meinem Leben noch ungeklärt. Ich bin dann hierhergezogen, nach Berlin, und habe den Schlußstrich gezogen. Wir haben uns aber noch weiterhin getroffen, auch miteinander geschlafen. Diese ›Nachbeziehung‹ war im Grunde fast die beste Zeit unseres Zusammenseins, obwohl meine Freundin sicher noch dachte, sie könne mich vielleicht umstimmen. Diese Schlußphase hat sich dann mit der Anfangsphase einer neuen Beziehung überschnitten. Das war komisch, ich wollte eigentlich gar keine neue Beziehung, ich bin da irgendwie hineingestolpert. Die Frau hat mir gefallen, schon sehr lange gefallen. Sie arbeitete in der VIP Lounge, und ich sah sie fast jeden Tag und hab' sie so von weitem angehimmelt. Dann habe ich sie mal kennengelernt, und irgendwann habe ich mitgekriegt, daß ich ihr sehr gut gefalle, und dann hat es bei mir furchtbar gerattert. Jedenfalls habe ich mich da voll hineingestürzt und wollte wissen, was steckt dahinter. Ich hatte das Gefühl, ich muß das klarkriegen für mich, und irgendwann bekam ich dann aber furchtbare Angst davor, und das hat diese Frau wiederum vollkommen in Verzweiflung gestürzt. Gleichzeitig wollte ich sie ja auch nicht einfach sitzenlassen, ich mochte sie, es war ja nicht vorbei, nur hatte ich das Gefühl, ich könnte es nicht. Letztlich ist dann eine Beziehung daraus geworden, die aber von der Anlage her schon daneben war. Da spielten auch meine Schuldgefühle eine Rolle, weil ich nicht klar entscheiden konnte, ja oder nein. Es war sicher auch so, daß ich die erste Beziehung noch nicht vollständig verarbeitet hatte. Ich habe mich darin als Gescheiterter erlebt, als das Klischee von einem Mann, der eine Frau sitzenläßt. Beim zweiten Mal wollte ich das verhindern, und die Ironie ist, daß es statt dessen beim zweiten Mal noch viel schlimmer kam. Das belastet mich heute noch immer.

Sie ist dann nämlich schwanger geworden von mir. Wir haben auch darüber geredet, ob wir das Kind bekommen sollen. Letztlich hat sie es dann abgetrieben. Meine Position war, daß ich kein Kind wollte, daß ich sie aber nicht einfach hängenlassen würde, sondern irgendwo mitziehen würde, wenigstens finanziell. Das hat sie alles unwahrscheinlich schwer verkraftet, und auch ich war hin und her gerissen. Mir war das alles zuviel, gleichzeitig fühlte ich mich verpflichtet, wußte aber nicht, was ich tun sollte.

Im nachhinein würde ich sagen, daß nach dieser Abtreibungsgeschichte die Beziehung eigentlich vorbei war, auch diesmal aber ging es danach noch weiter. Wieder hatte ich Schuldgefühle, wollte die Frau daher nicht sitzenlassen, habe sie damit aber, glaube ich, bloß noch mehr belastet. Ich habe ihr da so eine Art Strohhalm gegeben, sie hat sich daran festgehalten, und es war alles völlig verfahren. Das hat bei uns beiden ziemliche Spuren hinterlassen. Die Sache war nie so richtig abgeschlossen, auch für sie nicht, und das hängt sicher damit zusammen, daß ich keine klare Position bezogen habe.

Mir war die Situation dann aber auch zuviel: die Frau, der ich ein Kind gemacht habe, und die verzweifelt ist. Selbstkritisch würde ich zu diesen beiden Beziehungen sagen, daß ich viel mehr darauf bedacht hätte sein sollen, klare Aussagen zu treffen.«

Auffallend an diesen Passagen ist die Verwirrung, in die Udo sofort gerät, wenn es um Beziehungsfragen geht. Diese Verwirrung wirkt nicht berechnend, sondern zumindest subjektiv authentisch; dafür spricht schon seine Wortwahl. Er »stolpert«

in Beziehungen hinein, die er gar nicht möchte; er weiß nicht, was er will, kann sich nicht entscheiden, sieht nicht klar.

Wenn wir aber genauer hinsehen, erkennen wir bei aller scheinbaren Verwirrung deutlich den roten Faden.

Schon seine allerersten Sätze gewähren einen atemberaubenden Einblick in Udos Seelenleben. Mit der ersten Freundin war er zwei Jahre zusammen, dann wollte sie heiraten. Udo fühlte sich zu jung – eine legitime Entscheidung. Er ist in eine andere Stadt gegangen und hat, wie er sagt, »den Schlußstrich gezogen«. So weit, so gut; aber was war das für ein Schlußstrich? Denn er hat sich weiterhin mit seiner Freundin getroffen, auch weiterhin mit ihr geschlafen. Er bezeichnet diese Phase als »Nachbeziehung« und meint, sie sei »fast die beste Zeit unseres Zusammenseins« gewesen. Für wen aber? Vermutlich nicht für seine Freundin, die während dieser Zeit »sicher noch dachte, sie könne mich vielleicht umstimmen«. Für seine Freundin war das wahrscheinlich die schrecklichste Zeit der Beziehung, verbunden mit sehr viel Anspannung und Anstrengung, mit viel Nachdenken und vielen Bemühungen und Hoffnungen und Enttäuschungen. Der »Schlußstrich« war, wie wir nun erkennen können, ein sehr interner. Udo hat, innerlich, den Schlußstrich gezogen; daher fühlte er sich entspannt, entlastet und frei von allen Verbindlichkeiten. Durch seine weitere Verfügbarkeit und die Aufrechterhaltung der sexuellen Beziehung hat er aber die Hoffnungen seiner Freundin genährt, und das war sehr unfair, wenn wir bedenken, daß er immerhin zwei Jahre mit dieser Frau zusammengewesen war.

Eine lang hinausgezogene Trennungsphase, in der immer wieder ein Versuch der Gemeinsamkeit unternommen wird, der dann wieder scheitert, das kommt sehr häufig vor und ist fast immer für beide Betroffenen belastend. Wenn einer es genießt, dann hat die Ehrlichkeit gefehlt, eine Ehrlichkeit, die Udo mit dem Begriff der »Klarheit« umschreibt.

Seine zweite Beziehung beschreibt Udo als »von der Anlage

her schon daneben«, eine äußerst akkurate Beschreibung. Es gab da eine Frau, die ihm gefiel; sie gab ihm ein Signal, daß sie sein Interesse erwiderte. Udo »stürzte sich« daraufhin voll in die Emotion, aber aus Beweggründen, die verdächtig unemotional klingen. Er »wollte wissen«, was dahintersteckt, hinter diesem Gefühl der Verliebtheit; intellektuelle Neugier und absichtliche Planung, nicht ein Überschwung der Gefühle, motivierten seine »Liebe«. Das ging prompt schief, aber die Frau, durch sein anfängliches Verhalten in die Irre geleitet, hatte sich mittlerweile in *ihn* verliebt. Schuldgefühle und Unentschlossenheit bewegten ihn dazu, zu ihr dann doch noch eine Beziehung aufzunehmen.

Wenn er diese Beziehung beschreibt, wird sein Vokabular konfus und jämmerlich. Er »konnte nicht klar entscheiden«. Er wußte nicht, ob »ja oder nein«. Als sie schwanger wurde, wollte er kein Kind, wollte sie aber auch nicht hängenlassen. Er wollte helfen, »irgendwo mitziehen«. Es war ihm »alles zuviel«. Er »wußte nicht, was ich tun sollte«.

Erneut gibt es eine »Nachbeziehung«, unter der die Frau aber so leidet, daß auch Udo diese Zeit nicht genießen kann. Diesmal hat seine »Unklarheit« deutliche Opfer gefordert.

Wenn Udo allerdings über den Begriff der »Klarheit« nachdenkt, kommt er schnell zur Kategorie der Distanz. In Zukunft, sagt er, will er »Klarheit« in seinen Beziehungen schaffen, und führt gleich aus, was er damit meint: »Das heißt, ich will eine Beziehung nicht so eng werden lassen, daß bestimmte emotionale Verknotungen, Verknüpfungen sich verselbständigen.« Denn wenn eine Beziehung »zu weit« geht, kann man »den ganzen Kram nicht mehr aufrollen«.

Seine momentane und bisher dritte Beziehung beschreibt er als: »Ich bin jetzt mit einer Frau zusammen, das heißt im Moment sind wir aber nicht zusammen.« Denn Heike hat ihn vor kurzem verlassen; dabei hatte Udo gerade in diese Beziehung sehr große Hoffnungen gesetzt.

»Irgendwie hat mich diese Frau vom ersten Moment an fasziniert, weil ich sie nicht greifen konnte, für mich war sie nicht greifbar, und das fand ich toll.«

Eine interessante Beschreibung, nachvollziehbar unter dem Aspekt der Distanz: Einer »nicht greifbaren« Person kann man vermutlich nicht zu nahe kommen.

»Sie war eine völlig eigenständige Person«, schwärmt Udo weiter. »Ich habe immer erwartet, jetzt wird sie sich irgendwann einmal mit mir hinsetzen und das sachlich auseinanderklauben, was zwischen uns ist, aber bei ihr lief das nicht auf dieser Ebene. Sie war sehr emotional, sehr unverkopft, das hat mich unheimlich angesprochen.«

Dieser Beziehung, die allem Anschein nach vorüber ist, trauert Udo hinterher. »Wenn sie sich nicht so unheimlich verletzt gefühlt hätte durch mich, dann hätte ich diese Beziehung – nachdem ich irgendwann einmal erkannt habe, daß ich das will, nämlich als es vorbei war – gerne weitergeführt.«

Heike aber ist gegangen, aus »Verletzung« oder, präziser gesagt, weil sie mit ihrer Eifersucht nicht zurechtkam.

»Ihre Eifersucht war nicht unbegründet«, gesteht Udo. »Da waren immer auch andere Frauen im Spiel. Das war so ein Teil von meinem Bedürfnis, Abstand zu wahren. Aber je stärker diese Eifersucht war, desto mehr haben mir Schuldgefühle zu schaffen gemacht, was mir überhaupt nicht gepaßt hat. Andererseits habe ich auch das Bedürfnis gehabt, mich nicht voll in diese Beziehung hineinziehen zu lassen. Wobei, mit diesen anderen Frauen, das war nichts. Das ist einfach passiert, das waren alles Frauen, die ich schon lange kannte.«

Was passiert hier? Ist Udo einfach ein Schurke, der Frauen mit Abtreibungen und gebrochenen Herzen hinter sich läßt, daraus noch irgendeine krankhafte Bestätigung bezieht und unbelastet seines Weges geht? Glücklich ist Udo jedenfalls nicht. Seit zwei Wochen ist er in Therapie, weil er das Gefühl hat, »immer zu scheitern«. In der Therapie hofft er,

»Techniken zu finden, wie ich mit persönlichen Situationen besser umgehen kann. Meine Frage ist diese: Warum scheitere ich immer, warum habe ich so eine Angst, mich auf Dinge einzulassen? Einerseits brauche ich eine gewisse Distanz, und andererseits will ich sie loswerden, diese Distanz. Ich weiß gar nicht, wie ich das machen soll, daß ich mich entspannen kann in einer Beziehung. Jede Beziehung, die mir etwas bedeutet hat, ist gescheitert, weil ich irgendwann die Nase voll hatte, oder diese letzte jetzt, die ist mit einem Riesenknall auseinandergegangen, und um diese Frau tut es mir leid.«

Udos Handlungen haben eine destruktive Wirkung, auch auf ihn selbst. Leider erst »nachdem es aus war« hat Udo bemerkt, daß er diese letzte Beziehung lieber weitergeführt hätte, daß ihm eigentlich sehr viel daran lag. Statt dessen hat er sie zerstört, mit Seitensprüngen, die einfach »passiert« sind und nichts bedeuteten.

Wenn eine Partnerin jedoch sehr eifersüchtig ist, ihre Emotionalität offen zeigt und mit einem Riesenknall auf die Untreue des Partners reagiert, dann dürften die Seitensprünge eigentlich nicht nur »passieren«, sondern wir müssen davon ausgehen, daß sie mit Bedacht stattfinden. Denn schließlich weiß nahegehen. Und dennoch ist Udo nicht bereit, von diesen Affären zu lassen. Er kann dafür auch Motive anführen – sein Bedürfnis nach Abstand zum Beispiel. Weil enge Beziehungen und Gefühle ihn ängstigen, hat er sich selbst beigebracht, sie zu vermeiden. Nicht gelernt hat er, wie sich eine Beziehung gestalten läßt, die nicht als bedrohlich erlebt wird. Immerhin erahnt er, daß er auf der falschen Spur ist, und meint, für eine Veränderung Hilfe zu brauchen in Form einer Therapie.

Der Reiz der Ferne

Wenn wir hieraus schließen wollen, daß auch Männer unter ihrer Ambivalenz und ihrem Flucht- und Destruktionsverhalten leiden, dann bleibt immer noch eine wichtige Frage offen: die Frage, woher dieses Verhalten kommt.

In den Interviews wiederholte sich in diesem Zusammenhang sehr oft der Begriff »Kontrollverlust«. Es handelte sich dabei um einen Begriff und seine Bedeutung, der sehr angstbesetzt, zugleich aber sehr diffus war.

Was könnte denn passieren, wenn dieser Kontrollverlust wirklich stattfände? Welche schrecklichen Dinge würden dann eintreten? Kein Mann konnte diese Frage beantworten.

Und doch klang mitunter an, in welche Richtung die Befürchtungen gehen.

Karl rekonstruiert für uns anhand seiner letzten Beziehung, wie er die Beengung erlebt:
»Mit Tina war ich eineinhalb Jahre zusammen. Sie ist Krankenschwester, sie hat Weiterbildungen gemacht und mußte dann immer für einige Tage in die Kreisstadt, wo sie im Schwesternwohnheim untergebracht war. Das hat mich nicht gestört, im Gegenteil, ich konnte sie besser in der Entfernung haben als in der Nähe. Wir haben dann telefoniert, und das waren mitunter unsere besten Gespräche.

Ich weiß nicht, was für konkrete Erwartungen ich an sie hatte. Wie das mit ihr lief, das habe ich davor auch schon mit anderen Frauen ganz ähnlich erlebt, nämlich, daß ich ab einem bestimmten Zeitpunkt merke, das ist mir zu nahe, das ist mir zuviel.

Am Anfang hatten wir so ganz intensive Abende und Nächte, in denen wir uns sehr gut verstanden haben. Dann kam die Phase, wo wir uns fragten, was haben wir denn eigentlich miteinander. Ist das eine innere Beziehung oder bloß eine schöne, befristete Zeit? Sie konnte sich vorstellen, daß wir zusammenbleiben, und ich habe mich gefragt, warum will ich das nicht? Ich wollte irgendwie wieder zurück zu diesem alten Zustand, Abstand halten und wir kennen uns noch nicht. Sie hat das nicht verstanden, und ich konnte es auch nicht begründen, und dann habe ich mich bedrängt gefühlt. Ihre Bedürfnisse gingen in Richtung Nähe, und ab einem gewissen Punkt habe ich mich zurückgezogen. Das war dann sogar sexuell so. Ab einem bestimmten Zeitpunkt war sie auch sexuell offensiver, und ich wollte überhaupt nicht mehr von ihr berührt werden. Das habe ich auch schon mehrfach erlebt, in meinen Beziehungen.

Das Wort Kontrollverlust fällt mir dazu ein, und ich merke, daß da etwas dran ist. Das Schlagwort berührt mich, aber ich finde bei mir noch nicht so genau, wo dieser Punkt ist, wo ich die Angst habe, die Kontrolle zu verlieren. Ich erlebe aber immer wieder Situationen, wo ich plötzlich erstarre und ganz viel Energie auf die Abwehr lege.

Manchmal geht es mir auch in Diskussionen so oder beim Lesen – wenn etwas mir zu nahe geht, wenn ich mich betroffen fühle, wehre ich ab.«

»Ich glaube«, überlegt Stefan, »bei den Frauen, die ich mir stets als Freundinnen ausgesucht habe, hat immer eine Rolle gespielt, daß sie mir signalisiert haben, ›wir kommen uns schon nicht zu nahe‹. Wenn dieses Signal nicht gewesen wäre, dann hätte ich, glaube ich, Angst gehabt vor einer Vereinnahmung, daß ich nicht mehr ich bin. Das könnte mir, glaube ich, passieren, daß ich nicht mehr klar meine Grenzen kenne, daß ich meine Eigenständigkeit verliere.«

Diese Befürchtung wird etwas verständlicher, sobald wir das unreife Frauenbild – und analog dazu das unreife Selbstbild – der Männer als Erklärung hinzuziehen. Was Stefan hier ausspricht, ist ein absolut pubertärer Gedankengang. Es ist ein wichtiger Teil des Entwicklungsprozesses von Kindern und Jugendlichen, sich gegen ihre Erzieher abzugrenzen. Bei einem Erwachsenen müßte dieser Prozeß jedoch längst abgeschlossen sein; der Einzelne müßte nun in der Lage sein, wieder auf andere zuzugehen und als autonome und in sich ruhende Persönlichkeit erneut Kontakt – auch sehr engen Kontakt – zu

»Du kannst nicht treu sein«... Dieser uralte Schlager steht unverändert auf Platz eins der zwischengeschlechtlichen Hitparade. Und mit monotoner Einstimmigkeit ist es in aller Regel zunächst einmal die Frau, die mit dem Ärgernis der Untreue konfrontiert ist.

Auch Frauen haben Affären, Liebhaber, unkeusche Gedanken und hemmungslose Impulse. Und dennoch gibt es Unterschiede. Die Untreue einer Frau ist zum Beispiel viel öfter ein Zeichen dafür, daß ihre Beziehung schlecht ist. Sie hat einen Geliebten, weil sie mit ihrem Mann unglücklich ist, aus Rache für seine vorangegangene Untreue, oder weil sie ohnehin schon dabei ist, ihr Leben vollständig zu verändern und sich auch aus ihrer Ehe zu lösen. Ein Mann hingegen ist offenbar durchaus imstande, auch (vielleicht sogar *gerade*, aber darauf kommen wir noch zu sprechen) in eine glückliche, harmonische und sexuell gut funktionierende Beziehung den emotionalen Zündstoff einer Affäre zu plazieren. Einfach so, aus einem Impuls heraus, weil er über die Konsequenzen nicht nachdenkt oder weil ihm die Bereitwilligkeit einer anderen Frau unwiderstehlich schmeichelte..., einfach nur so. »Das hatte mit meiner Ehe überhaupt nichts zu tun.« Diese Beteuerung hörten wir nur von Männern.

Die Untreue der Frau ist oft reaktiv; sie holt sich, was sie von ihrem Partner nicht bekommt, oder sie rächt sich für die Untreue ihres Partners. Die Untreue des Mannes hingegen ist oft aggressiv; er will seine Frau wegstoßen oder provozieren. Aber es wird kaum einen Mann geben, der das zugibt. Im Gegenteil. Seine Ausbrüche aus der Treue haben für den Mann fast immer etwas mit dem zu tun, was er unter Freiheit versteht. *Er* läßt sich nicht einengen. *Er* läßt sich nichts verbieten. *Er* will noch etwas erleben, bevor er zum alten Eisen zählt. *Er* ist einfach so veranlagt, polygam, und kann gar nichts dafür.

Ulrich zum Beispiel ging nach seinem Studium für sieben Monate nach Brüssel, um eine Zusatzausbildung zu machen; seine Frau blieb mit einem kranken Baby allein zurück. In ihren Augen war das ein Opfer, das sie der Karriere ihres Mannes brachte im Namen eines besseren gemeinsamen Lebens. Doch Ulrich nützte diese Zeit auch als »Ferien« von der Ehe.

»Das waren Gelegenheiten, die einfach einem Bedürfnis meinerseits entsprachen. An eine Trennung habe ich nie gedacht. Diese Beziehungen waren immer nur kurz, sie waren qualitativ ganz anders als das Zusammensein mit meiner Frau. Ich habe sie nicht gleichwertig gesehen, wollte ich auch nicht. Aber ich wollte das einfach erleben.«

Dafür, daß es unter dem bunten Banner der Freiheit geschieht, klingt das außereheliche Erleben der Männer in ihren Schilderungen oft erstaunlich freudlos. Die heiße Affäre, das tolle Abenteuer, das sind Ausnahmen, zumindest retrospektiv. Im Rückblick meinen die meisten Männer, daß da eigentlich »wenig los war«, daß es sich »kaum auszahlte«. Sie bagatellisieren ihre Verhältnisse nicht nur, um ihre Frau zu größerer Toleranz zu bewegen (»Die hat mir doch nichts bedeutet«), sondern meinen das oft ganz ehrlich. Was sie da so hatten, das war doch bloß ein »klitzekleines Affärchen«. Es hat sich »irgendwie so ergeben, aus der Situation heraus«. Und dann ist es aufgeflogen oder wurde unter dem Offenbarungsabkommen gebeichtet, und die Partnerin hat völlig überreagiert. Sie war gekränkt, sie war wütend, sie zog aus, für sie brach alles zusammen. »Sie ist ausgerastet«, erzählten uns die Männer, kopfschüttelnd, halb erstaunt.

Ziemlich häufig bekommen Männer dann die Gelegenheit, diese irrationalen Reaktionen am eigenen Leib zu spüren: Wenn sich die Partnerin dasselbe Recht herausnimmt, ist es erstaunlich oft aus mit der Toleranz und dem philosophischen Gleichmut. Doch die Lektion, die die Frau dem Mann erteilen will, trägt selten Früchte – wenn sie erst einmal diesen Punkt erreicht hat, ist die Beziehung oft nicht mehr zu retten.

Das große Rätsel beim Thema Untreue bleiben die männlichen Beweggründe. Die Untreue der Männer, sie ist offenbar tatsächlich etwas Beständiges; sie überdauert Äonen und Generationen und hinterläßt durch die gesamte Geschichte hindurch eine endlose Kette zorniger, trauriger Frauen. Nur die Argumente wechseln. In unserer Kindheit galt Treue zwar als Ideal, aber seufzend und augenzwinkernd nahmen alle zur Kenntnis, daß Männer dazu nicht geschaffen waren. Der anständige Mann zeigte daher wenigstens Diskretion und sah zu, daß seine auswärtigen Unterhaltungen nicht die Familie gefährdeten.

Dann kam die sexuelle Revolution. Monogamie war lächerlich, wenn nicht gar pervers; aufgeklärte Menschen bewiesen nicht nur sexuelle Kreativität, sondern waren auch erhaben über Besitzansprüche und kleingeistige Empfindungen wie Eifersucht.

Doch schon lange vor AIDS hatte auch diese Weltanschauung sich überlebt. Die meisten Frauen haben heutzutage eine moderate, überlegte Einstellung zu Sexualität, Partnerwahl und Bindung gewonnen, wobei die Spanne der Meinungen ziemlich breit sein kann. Auch Frauen wollen ihre sexuellen Wünsche ausleben, stehen Besitzansprüchen kritisch gegenüber, machen sich Gedanken über die Möglichkeit einer lebenslangen Bindung, unterscheiden zwischen flüchtigeren Abenteuern und echten Gefühlen. Aber die meisten Frauen haben, zumindest ab 30, einen Standpunkt entwickelt, mit dem sie gut zurechtkommen.

Die meisten Männer dagegen haben auch mit 30 kein vergleichbares inneres Gleichgewicht gefunden. Sie laufen immer noch mit abgegriffenen Exemplaren des antiken Bestsellers über »Die offene Ehe«* herum und drangsalieren ihre Frauen damit. Ganz junge, unkonventionelle Männer gehen plötzlich mit der alten Mär vom »polygamen Wesen« des Mannes hausieren. 30jährige stehen vor den Ruinen ihrer vierten gescheiterten Liebesbeziehung und beteuern, daß ihre kurzen Abenteuer ihnen »einfach passieren« würden, obwohl es schon längst nicht mehr richtig Spaß mache und sie ihre letzte Freundin wirklich geliebt hätten.

Was geht hier vor? Sind Männer wirklich die hilflosen Sklaven ihrer Hormone? Oder ist ihr Bedauern nur gespielt, und ihnen gefällt das Gefühl, als kühler Herzensbrecher durchs Leben zu gehen? Uns kam in wachsendem Maße und im Zuge unserer Recherchen ein anderer Verdacht. Daß nämlich die Untreue mit Sexualität kaum etwas zu tun hatte.

Für diese Schlußfolgerung gibt es einen wichtigen Präzedenzfall. Vergewaltigung zum Beispiel, das schwerwiegendste aller sexuellen Vergehen, hat nach dem neuesten Stand der psychologischen Forschung fast nichts mit Sex zu tun. Es geht dabei viel eher um Macht, um den Wunsch, Frauen zu bestrafen, zu kontrollieren, zu dominieren.

Auch die Untreue ihres Partners ist für viele Frauen ein schwerer Angriff auf ihr Selbstvertrauen und ihr Selbstbild. Wenn Männer ihre Motivation beschrieben und danach die Wirkung, die ihre Untreue auf die Frau und die Beziehung hatte, dann drängte sich auch hier zunehmend der Verdacht auf, daß es in diesen Dramen nicht wirklich um Sex ging. Sondern um Selbstbestätigung. Um Angst. Um Strafe. Und um Macht.

---

* Nena und George O'Neill, Die offene Ehe. Reinbek bei Hamburg 1975

Viele Männer beteuerten zwar, daß ihr Seitensprung überhaupt nicht gegen die Ehefrau gerichtet war, ja mit ihr genaugenommen überhaupt nichts zu tun hatte. Nicht ganz überzeugen konnten sie uns dabei jedoch von der Aufrichtigkeit ihres Bedauerns darüber, den Frauen durch ihre Untreue weh zu tun. Zumindest in manchen Beziehungen schien der Schmerz der Ehefrau oder Lebensgefährtin kein Hindernis zu sein, sondern war eher ein Bonus, in einigen Fällen sogar der eigentliche Zweck für den Seitensprung. Die Affäre war ein Mittel, Distanz zu schaffen und sie immer wieder zu erneuern, war eine Methode, die Partnerin zu quälen und zu verhindern, daß sie sich wohl und glücklich fühlte. Wenn die Frau die Konsequenzen zog und ging, wurde das von den Männern als »Überreaktion« eingestuft und oft ganz aufrichtig bedauert, – denn sie sollte ja nicht weggehen, sondern bleiben und leiden.

Psychologen dürfen sich darüber den Kopf zerbrechen, ob dieses Distanzierungsverhalten vielleicht in Wirklichkeit so etwas wie einen infantilen Wiederholungstrieb darstellt: Die Frau wird weggestoßen, damit man sich ihr wieder nähern kann, genauso wie das unartige kleine Kind auf die Straße läuft, um von der Mutter eingefangen, ausgeschimpft und fest in den Arm genommen zu werden. Erwachsene Frauen spielen dieses Spiel zwar oft erstaunlich lange, aber nicht unbedingt ewig mit; irgendwann entlassen sie den Mann in den gefährlichen Straßenverkehr und hoffen, daß er möglichst bald von einem ganz großen Lastwagen überfahren wird!

Vielleicht war es bloß naiv von uns, aber wir waren ehrlich verblüfft, von 20jährigen modernen jungen Männern Banalitäten serviert zu bekommen, die eigentlich viel eher nach Spießertum und Stammtisch klangen. »Für Frauen bedeutet Sex einfach etwas anderes.« »Es gibt so Situationen, da kann ich einfach nicht widerstehen.« Wohlgefällig wurden Gemeinplätze heruntergebetet, die kaum mehr in unser Jahrzehnt passen, mit denen sich diese jungen Männer aber offensichtlich voll identifizierten. Oder waren das ihre einzigen Vorlagen für männliches Verhalten? Viel Trotz klang auch durch, wenn sie von ihren Seitensprüngen berichteten; weit mehr Trotz, genaugenommen, als zum Beispiel Wollust oder Freude.

Und dabei zeigte sich etwas ganz Erstaunliches: daß Männer tendenziell die Frau als Vorgesetzte betrachten, zumindest als jemanden, die sich als Vorgesetzte aufspielt und unbedingt daran gehindert werden muß. In der Eifersucht ihrer Partnerin erkennen sie nicht eine normale menschliche Kränkung; den Wunsch nach Ausschließlichkeit und Treue interpretieren sie nicht als Liebe, sondern als Kontrollversuch. Das sind unreife Reaktionen, Reaktionen eines Dreijährigen, der Selbständigkeit beweisen will, egal wie, nicht aber Reaktionen eines erwachsenen Mannes, der ein stabiles emotionales Privatleben aufbauen will.

Wenn die Partnerin sie verläßt, sind die Männer überrascht; ihre Mutter hat doch auch alle Rebellionen und Frechheiten toleriert, manchmal unter Tränen, und ist trotzdem die liebende Mutter geblieben.

Kindlich auch die Naivität ihrer Selbstentschuldigungen.

Erstaunliche Argumentationsgänge wurden uns übermittelt, um den männlichen Treuebegriff zu präzisieren. Demzufolge liegt zum Beispiel nicht *wirklich* Untreue vor, wenn
- der Seitensprung mit einer Frau oder Frauen stattfindet, mit der er auch vor seiner jetzigen Freundin eine Beziehung hatte,
- es gar nicht wirklich schön war,
- die andere Frau nicht an einer Beziehung interessiert war,
- die Frau ihnen gleichgültig war,
- sie nur wenige Male zusammen waren, nicht oft.

Mitunter werden kriminalistische Unterscheidungen getroffen, zum Beispiel zwischen einem Seitensprung »im Affekt« und einem gezielt vorbereiteten, wobei ersterer nicht als richtige Untreue zu bezeichnen sei.

Doch das Überraschendste an der männlichen Erlebniswelt ist die Leidenskomponente, die sich hinter der lässigen, scheinbar so leichtherzigen Lebensphilosophie der Männer verbirgt. Ihre Haltung gegenüber den Gefühlen der Frauen erscheint zunächst kaltherzig, oft sogar brutal, ganz sicher aber ist sie extrem destruktiv. Was hat der Mann von seiner »Freiheit«, was bringt es ihm ein, dieser Frau mal wieder gezeigt zu haben, daß er sich von ihr nicht einengen und einschränken und domestizieren läßt? Erschreckend wenig: persönliches Unglück, eine Frau, die ihn haßt, Söhne und Töchter, deren Kindheit er verantwortungslos belastet hat; auf der anderen Seite sieht die Bilanz seines persönlichen Vergnügens und sogar seiner sexuellen Erfüllung recht mager aus. Doch ihrem eigenen destruktiven Verhalten scheinen Männer nach eigener Aussage oft hilflos ausgeliefert zu sein.

Gerhard kommt sehr aufgewühlt zum Interview. Wir sollen seine geröteten Augen und sein struppiges Aussehen bitte entschuldigen, aber er ist um 5 Uhr aufgewacht und rastlos durch die Parks gelaufen, um nachzudenken. Auch die Stunden davor hat er fast gar nicht geschlafen, weil er versucht hat, unsere Fragen zu antizipieren. Was bedeuten ihm Frauen? Diese Frage hat ihn innerlich sehr aufgewühlt. Soeben ist schon wieder eine ernsthafte Liebesbeziehung auseinandergegangen.

Seine verzweifelte Miene scheint jedoch total unvereinbar zu sein mit der Lebensgeschichte, die er uns erzählt. In dieser Lebensgeschichte wirkt Gerhard wie der eiskalte Ladykiller. Die junge Schauspielerin, die sich in ihn verliebt, schwanger wird, durch Gerhard zur Abtreibung gedrängt und gleich danach von ihm schnöde sitzengelassen wird, die Studienkollegin, die in der Nachbarstadt treu auf seine Wochenendbesuche wartet, weil er sie glauben läßt, sie seien verlobt und würden heiraten, während Gerhard schon längst eine heiße Affäre mit einer neuen Kollegin begonnen hat; diese Frauen würden wohl eher einen manipulativen, unehrlichen Gerhard beschreiben, der absichtlich mit ihren Gefühlen spielt und sie belügt und betrügt. Doch im Interview spricht ein durchnächtigter, sichtbar unglücklicher Gerhard von seiner »Angst, mich auf Dinge einzulassen«, von seinen Schuldgefühlen beim Gedanken an die Abtreibung und die darauffolgende Verzweiflung der Freundin und von seinem Gefühl, »nie irgendwo hinzugehören«. Es ist mehr als nur eine kokette Attitüde, wenn sich so viele Männer als Nicht-Handelnde, als passive Figuren im eigenen Lebensdrama betrachten. »Irgendwann war es ihr zuviel« beschreiben sie den Grund für ihre letzte, aufrichtig bedauerte Trennung.

Oder sie sagen:

»Ich hätte diese Beziehung gern weitergeführt..., und wir wären noch immer zusammen, wenn nicht ihre Eifersucht gewesen wäre. Diese Eifersucht war nicht unbegründet, da waren noch andere Frauen im Spiel. Das war so ein Teil von meinem Bedürfnis, Abstand zu bewahren, und je mehr diese Eifersucht war, desto mehr bin ich in diese Schuldverstrickungen gekommen. Andererseits habe ich auch das Bedürfnis gehabt, mich da nicht voll hineinziehen zu lassen. Das mit den anderen Frauen ist einfach so passiert, das waren alles Frauen, die ich schon lange kannte.«

Analysieren wir diesen Absatz. Dieser Mann trauert um die Freundin, die ihn verlassen hat. Die Trennung geschah, in seinen Augen, auf ihre Initiative hin. Auch seine Affären sieht er nicht wirklich als Folgen seines aktiven Handelns, sondern als etwas, das ihm »einfach so passiert« ist. Zwar gesteht er sich ein, daß diese anderen Frauen ein Weg waren, um Abstand zu halten. Aber unter diesem Abstand leidet er, und auch die »Schuldverstrickungen«, die daraus entstanden, sind äußerst unangenehm. Sie führten zu Szenen, die schrecklich waren – und doch auch irgendwie beruhigend, weil sie ihm die Freundin zwar in der hitzigen Emotionalität ihrer Eifersucht ganz nahe brachten, sie aber zugleich mittels Mißtrauen und Zorn in sicherer Entfernung hielt.

So erweist sich der Seitensprung, bei allem selbstgefälligen männlichen Dozieren über die Unwiderstehlichkeit ihrer Triebe, weniger als ein sexuelles denn als ein psychisches Bedürfnis. Nicht die Stärke ihrer Triebe, sondern die Schwäche ihrer Psyche führt zu Affären, nicht eine ungezügelte Entschlossenheit, sondern ein ewiges Lavieren zeichnet die untreuen Männer aus.

In diesem Sinne kann man die vielgerühmte ›polygame Veranlagung‹ der Männer weniger schmeichelhaft als eine Mischung aus Ängstlichkeit und Unreife beschreiben. Als Weigerung zu erkennen, daß man zum eigenen Handeln und den eigenen Entscheidungen stehen muß und daß sie Konsequenzen haben. Daß Untreue Untreue ist und man sie nicht durch tausend Klauseln und Fußnoten in etwas anderes umdefinieren kann.

Viele Männer lehnen es ab, die Tatsache zu akzeptieren, daß auch sie älter werden und sterben müssen, ganz egal, in wie vielen Betten sie vorher gelegen haben. Und daß ein Leben, in dem man andere einigermaßen ehrlich und sanft behandelte und ihnen etwas wert war, möglicherweise eine andere Bedeutung hat als eine Sequenz von klitzekleinen Affärchen.

Gina ist eine sehr tüchtige, praktische Frau. Früher selbst Tänzerin, ist sie heute Agentin für eine Tanzgruppe, die oft im Fernsehen auftritt. Ihr Mann Adam ist Agrarexperte, in Fragen der Umweltpolitik sehr bewandert. Beide sind 40, und sie haben zwei Kinder, eine neunjährige Tochter und einen dreijährigen Sohn. Nach ihrer Beziehung und ihrer Ehe befragt, hätte Gina bis vor zwei Wochen noch folgendes gesagt: daß es Konflikte und Probleme gibt, daß aber die Substanz in Ordnung ist. Daß es zwischen ihr und ihrem Mann nach 14 Ehejahren noch eine unverminderte erotische Spannung gibt. Daß Adam ein nicht unkomplizierter, in seinem Wesen aber sehr ehrlicher Mensch ist. Daß sie eine ungewöhnliche Beziehung führen, mit einem lebhaften Interesse aneinander, mit vielen

Diskussionen, mit Beständigkeit. Bis vor zwei Wochen hätte Gina das gesagt.

Vor zwei Wochen erfuhr Gina, daß Adam sie mit einer anderen Frau betrogen hatte.

Dieser »Seitensprung« – der eigentlich bloß aus drei oder vier Zusammentreffen bestand – ist nun vorüber. Gina, die sich in den ersten Tagen nach der Enthüllung scheiden lassen wollte, hat sich etwas beruhigt. Adam, der in den ersten Tagen reuig und verzweifelt war, ist immer noch besorgt und aufmerksam. Gut möglich, daß sie diese Krise überstehen und zusammenbleiben. Und trotzdem wird nichts mehr so sein wie vorher. Etwas ist verlorengegangen, was nicht mehr wiederherstellbar ist, zumindest nicht mehr in der bisherigen Form. Gina glaubt nicht mehr an die besondere Qualität ihrer Beziehung. Und ihre Achtung für Adam ist radikal gesunken.

»Das Komische ist, daß ich es nicht einmal kränkend finde«, überlegt Gina. »Ich finde es peinlich, für ihn. Trotz seiner Macken habe ich immer viel Achtung vor ihm gehabt, ihn als Menschen geschätzt. Es ist mir peinlich, daß ich irgendwie seine innere Armseligkeit sehen mußte. Ich habe in ihn hineingeschaut, und was ich sah, war ziemlich jämmerlich.«

Gina »sah« einen 40jährigen Mann, Ehemann und Vater, der seiner 20jährigen Praktikantin nachstellte. Sie sah, daß es sich bei dieser jungen Frau um ein sehr oberflächliches, weder besonders schönes noch besonders charmantes Wesen handelte.

»Es war eine Situation wie aus einer Boulevardkomödie. Daß er sich in Anwesenheit dieses Mädchens lächerlich benimmt, ist mir gleich zu Beginn aufgefallen. Ich habe ihn sogar darauf aufmerksam gemacht und ihn daran erinnert, daß sie seine Angestellte ist und 20 Jahre jünger als er. Es war nicht so, daß ich nichts ahnte. Ich sah es ganz genau, aber Adam leugnete es. Er lachte mich sogar aus, er meinte, ich würde phantasieren, mir alles einbilden, ich würde mich lächerlich benehmen usw. Er hat sie mitgebracht, zum Abendessen. An dem Abend war er sehr unhöflich zu mir, fast schon beleidigend, und hat sie wahnsinnig fürsorglich behandelt. Nachher haben wir gestritten, und er hat wieder behauptet, daß ich paranoid sei. Das ist es, was ich ihm nicht vergessen kann; daß er sich von mir abgewendet hat wegen eines dermaßen blöden Flirts.

Er hätte mir bestimmt nie die Wahrheit gesagt. Ich bin zufällig dahintergekommen. Als ich ihn mit den Beweisen konfrontierte, war er fertig, einfach fix und fertig. Sonst hat er eine ziemlich glatte Fassade, auch mir gegenüber, aber an diesem Tag ist er regelrecht ein bißchen zusammengebrochen. Er hat erzählt, daß sie ihn nur ausgenützt hätte, daß sie ein Stipendium von ihm wollte, daß es ihm selber schon unangenehm war, in welche Situation er sich da begeben hatte. Er meint, daß er sich nicht helfen konnte, daß er unter einer Art Zwang gehandelt hatte, um sich zu beweisen, daß er immer noch amüsant, jugendlich, attraktiv sei. Er hätte gar nicht an eine Affäre gedacht, sondern an einen rein verbalen Flirt – und dann sei das Ganze entglitten.

Dann meinte er noch, er sei froh, daß die Sache aufgeflogen ist, weil sein ›Geheimnis‹ ihn sehr belastete.

Meine Gefühle? Ich denke mir, daß sein Verhalten – also seine Affäre – letztendlich sein Problem ist. Es war eine dumme Geschichte, und das scheint er zu begreifen. Mich stören dabei andere Sachen, von denen ich nicht glaube, daß unsere Beziehung sich jemals davon erholen wird.

Mich stört, daß ich ihn vor dieser Situation gewarnt habe, er mich ausgelacht hat – und dann prompt das getan hat, wovor ich ihn warnte und was er jetzt auch als Fehler erkennt. Das gibt mir das Gefühl, daß er es nicht trotz, sondern gerade wegen meiner Warnung getan hat, um ganz absichtlich das zu tun, was ich nicht wollte. Manchmal denke ich mir: Wenn ich ihn nicht vor dieser Frau und dieser Situation gewarnt hätte, hätte er vielleicht gar nicht mit ihr geschlafen. Ich habe ihn auf die Idee gebracht; auf die Idee, es nun gerade zu tun.

Am meisten stört mich, daß er an dem Abend zu mir so häßlich war, vor dieser Frau und wegen dieser Frau. Das ist die eigentliche Untreue gewesen, schlimmer als der Seitensprung. Um bei ihr Punkte zu machen, hat er mich verraten.

Ja, und dann hat er versucht, mich an meinem eigenen Verstand zweifeln zu lassen. Ich war *so* sicher, daß zwischen den beiden irgend etwas nicht koscher war, daß sich etwas anbahnte... Ich habe es gespürt, und er hat mich als Verrückte dargestellt. Lügen und leugnen ist eins, mich als krankhaft eifersüchtige Spinnerin darzustellen ist noch mal etwas anderes. Das ist ein echter Übergriff.

Wenn ich meine Gefühle bilanzieren soll: ›Betrogen‹ komme ich mir nicht vor, eigentlich nicht. Aber ich habe das Gefühl, daß er mir etwas weggenommen hat. Nicht seine Treue. Was ich verloren habe, ist das Bild, das ich von ihm hatte; von ihm und von uns beiden. Ich habe ihn auf eine bestimmte Weise gesehen, ihn bestimmter Dinge für unfähig gehalten, und nun erweist sich, daß das einfach nicht stimmte. Ich habe gedacht, daß wir etwas Besonderes füreinander sind, daß er etwas Besonderes ist.

Jetzt sehe ich ihn als jemanden, der voller Komplexe steckt, der einen lächerlichen Auftritt geliefert hat. Ich könnte Mitgefühl haben und ihn in dieser neuen Schwäche lieben – aber vertrauen kann ich ihm nicht mehr.«

Carlo und Jutta besitzen gemeinsam eine Fotoagentur. Die Zusammenarbeit zwischen der eher kreativen Jutta und dem geschäftstüchtigen Carlo funktioniert bestens. Nur mit der neuen Sekretärin Antonia gab es anfangs Probleme; sie kam fast jeden Tag zu spät, verlor wichtige Korrespondenz und führte während der Arbeitszeit ausführliche Privatgespräche. Jutta hatte ein paarmal ergebnislos mit ihr darüber gesprochen und war knapp davor, sie zu entlassen. Aber sie zögerte, denn auf der anderen Seite war Antonia sympathisch und intelligent, und Jutta wußte, wie schwer es ist, eine geeignete Sekretärin zu finden. Vielleicht sollte diesmal Carlo mit ihr reden – vielleicht nahm sie ihren männlichen Arbeitgeber ernster.

Aber Carlo lehnte ab. »Zu der hab' ich keinen Draht«, meinte er.

Jutta war zwar irritiert, daß er sich so leicht aus der Affäre zog und die schwierige Mitarbeiterin ihr ganz allein überließ, zugleich aber war sie erleichtert zu hören, daß er »keinen Draht« zu Antonia hatte. Denn fast hätte sie schon das Gegenteil befürchtet. Es gab da so ein paar Signale... Aber zum Glück hatte sie sich ja geirrt.

Bis Jutta eines Samstags in der Fußgängerzone zu tun hatte und beschloß, ihre Lesebrille aus dem Büro zu holen. Auf dem Schreibtisch ihres Mannes lag ein Kuvert, in Antonias markanter Handschrift an ihn adressiert. »War ich schon mißtrauisch, oder habe ich nur gedacht, daß es geschäftlich ist und uns beide betrifft... Ich weiß es nicht«, sagt Jutta. Jedenfalls hat sie das Kuvert geöffnet. In einem langen persönlichen Brief bat Antonia ihren Chef, ihr keine weiteren Avancen mehr zu machen. Er gefalle ihr zwar und sie habe die netten Gespräche mit ihm genossen, aber sie halte es einfach für besser, am Arbeitsplatz keine Verhältnisse einzugehen. Schon allein wegen Jutta, die immer nett zu ihr gewesen sei und mit der sie nach wie vor zusammenarbeiten müsse. Und auch, wenn er mit seiner Frau eine offene Ehe führe, sei sie sich trotzdem zu gut für ein Abenteuer. Ja, und es sei zwar nett von ihm, ihr nebenher Extrageld zuzustecken, aber wohler fühlen würde sie sich mit einer richtigen Gehaltserhöhung. Und sie hoffe, er und sie könnten trotzdem Freunde bleiben usw. ...

Jutta war wie vom Donner gerührt. Es erstaunte sie zu erfahren, daß sie eine »offene Ehe« führte, das hörte sie zum ersten Mal. Daß Carlo hinter ihrem Rücken mit Antonia Gespräche gehabt, daß er ihr heimlich Geld gegeben hatte, das alles konnte sie gar nicht richtig verarbeiten. Zwar hatte er nicht mit Antonia geschlafen – aber offensichtlich nur, weil Antonia ihn abgewiesen hatte. Jutta konnte das alles nicht begreifen – und wußte nicht, wie es nun weitergehen sollte. Ihr Berufsleben war mit ihrer Ehe verknüpft – sollte sie nun beides hinwerfen? Andererseits würde sie Carlo nie mehr vertrauen können – weder als Geschäftspartner noch als Ehemann.

Aufgewühlt von all diesen Gedanken, fuhr sie nach Hause, um Carlo mit dem Brief zu konfrontieren.

Jutta: »Zuerst stritt er alles ab, aber nur halbherzig; schließlich stand es schwarz auf weiß im Brief. Dann war er ziemlich betreten und rückte heraus mit seinen großen Geständnissen und der Selbstkritik. Es sei ja nichts passiert, und auch sonst hätte er mich noch nie betrogen, es sei da einfach so ein Zwang gewesen, es zu probieren. Er hätte es nie ernst gemeint und hätte überhaupt kein Interesse an Antonia, die ihm gar nicht besonders gefalle, es sei mehr so ein Reflex gewesen, einfach so eine Art Test, ob er noch attraktiv sei und eine junge Frau für sich gewinnen könne. Er habe nie vorgehabt, mit Antonia zu schlafen, ganz bestimmt nicht; das hätte Antonia falsch verstanden. Und das mit dem Geld, das sei dumm von ihm gewesen, er könne es sich auch nicht erklären, aber sie habe halt geklagt, daß sie zuwenig verdient bei uns und nicht über die Runden kommt, und ich hätte doch auch gemeint, daß es besser ist, wenn sie bei uns bleibt...«

Carlo: »Es ist nichts passiert, gar nichts. Ich hab' nicht mit der Frau geschlafen, hatte es auch nie vor. Das war nur so ein Geplänkel, ein Spiel. Ich weiß nicht, warum ich das getan habe. Das ist so eine Art Zwangsverhalten, oft. Irgendwie will man sehen, ob man noch attraktiv ist für Frauen, ob man noch eine kriegen könnte. Ich bin 42, Antonia ist 21 – ich weiß selber, daß das lächerlich ist. Das ist so eine Komponente meiner Persönlichkeit, die ich nicht mag. Es ist auch sehr destruktiv, sehr selbstdestruktiv, das sehe ich. Ich liebe Jutta, und mit solchen Sachen verletze ich sie und kränke sie.

Eigentlich war ich innerlich erleichtert, daß die Sache aufgeflogen ist. Es war mir selber schon unangenehm, ich habe selber schon gesehen, daß es nicht gut ist und ich das nicht machen sollte. Es war eigentlich schon vorbei, als der Brief kam; der Brief war nur ein schriftliches Festhalten von meinem letzten Gespräch mit Antonia. Sie hat gesagt, sie will das nicht, und sie mag es nicht, wenn ich dauernd sexuelle Andeutungen und Bemerkungen mache, und dann habe ich versprochen, es nicht mehr zu tun, und wir haben beschlossen, es einander nicht übelzunehmen, sondern Freunde zu bleiben. Ich war erleichtert, als Antonia mich abwies. Denn ich kam mir schon blöd vor, sie anzumachen. Sie hat mir so quasi die Möglichkeit gegeben, damit aufzuhören, indem sie sagte, es gefällt ihr nicht. Ich wollte schon früher aufhören, aber ich hatte Angst, daß sie dann glaubt, ich bin böse auf sie. Sie hat sowieso schon Probleme mit Jutta, jetzt hätte sie vielleicht geglaubt, daß ich mich an ihr räche, weil sie mich abweist. Oder daß sie nett zu mir sein muß, um ihren Job zu behalten. Die Situation war mir schon richtig unangenehm, aber ich konnte nicht raus. Jetzt hat sie sich aufgelöst, und eigentlich bin ich froh. Ich muß es bloß mit Jutta wieder hinkriegen, denn sie ist sehr böse, sehr verletzt.

So etwas ist mir in den letzten Jahren oft passiert, ich war oft in dieser Situation, aber das ist jetzt das letzte Mal. Ich will jetzt damit aufhören, denn diesmal hat es keinen Spaß mehr gemacht, und ich denke, daß ich langsam zu alt werde dafür. Dieses Jagd- und Aufreißverhalten, das ist wohl ein Überrest aus der Teenagerzeit, und ich bin kein Teenager mehr.«

Carlo ist in dieser Episode eindeutig der Handelnde. Mit seinem Verhalten hat er beide Frauen verwirrt, ist in das Leben beider Frauen auf destruktive Weise hineingetrampelt. Die Destruktivität und letztliche Sinnlosigkeit seines Verhaltens darf nicht davon ablenken, daß er der Akteur ist. Er ist der Handelnde im Sinne eines bösen kleinen Kindes, das Spielsachen zertrümmert und insgeheim darauf wartet, von seiner Mutter daran gehindert zu werden, nicht aber im Sinne eines verantwortlichen Erwachsenen. Sowohl als Arbeitgeber wie auch als Ehemann handelt Carlo vollkommen unverantwortlich.

Erstaunlich ist, daß er sich dabei passiv fühlt. Er fühlt sich passiv gegenüber dem eigenen Verhalten, das er – wie ein Außenstehender – kritisch beobachtet und kommentiert. Er fühlt sich passiv gegenüber der Ehefrau, die sein Mißverhalten »entdecken« und ihn stoppen soll. Er fühlt sich sogar passiv gegenüber Antonia, die ihn ablehnen und damit seinen unangebrachten Avancen ein Ende bereiten soll.

Was geht hier vor? Wenn wir seiner Version Glauben schenken, dann handelt Carlo vollkommen irrational. Er macht sich an eine Frau heran, die ihm gar nicht besonders gefällt und mit der er nicht wirklich eine Beziehung eingehen will. Damit schafft er sich potentielle Probleme und Peinlichkeiten am Arbeitsplatz, denn sie ist seine Angestellte. Und er riskiert damit seine Ehe und sein Unternehmen, denn seine Frau und Mitinhaberin kann von seinem Verhalten nur befremdet und abgestoßen sein. Scheinbar handelt Carlo hier vollkommen widersinnig, denn er schadet anderen und sich selbst, ohne irgendetwas davon zu haben – nicht einmal ein sexuelles Abenteuer kommt für ihn dabei heraus. Doch da Carlo ein intelligenter Mann ist, der sein Leben sonst zielgerichtet gestaltet, müssen wir uns fragen, was er mit seinem Verhalten bezweckt oder zumindest, welche Bedeutung es hat.

Als erstes bietet sich seine eigene diesbezügliche Erklärung an. Carlo stellt sein Verhalten als Charakterschwäche hin, als Zwang, seinen männlichen Attraktivitätsgrad zu testen. Diesen Drang lebt er, wie er meint, in domestizierter Form aus: Von einem Verhältnis sieht er sowieso schon ab, weil er seine Ehe nicht gefährden will, und so will er nur testen, ob theoretisch noch die Möglichkeit besteht.

Mißtrauisch stimmt diese Erklärung deshalb, weil die Wahl seines Testobjekts dabei rätselhaft bleibt. Carlo hat nicht irgendeine Frau gewählt, sondern eine Mitarbeiterin. Das hat außerdem zur Folge, daß sein »Experiment« direkt unter den Augen seiner Frau stattfindet. Da er behauptet, Antonia würde ihm gar nicht besonders gefallen, muß seine Wahl einen anderen Grund haben. Als Möglichkeiten bieten sich an:

- Antonia hat ihm doch gefallen, aber er will es nicht zugeben, weil er bei ihr keinen Erfolg hatte und weil sein Verhalten auf Jutta vielleicht weniger bedrohlich wirkt, wenn er behauptet, Antonia gefalle ihm gar nicht.
- Die Tatsache, daß Antonia als Angestellte und als Mitarbeiterin seiner Frau für ihn eigentlich in doppelter Hinsicht tabu sein sollte, hat die Sache besonders reizvoll gemacht.
- Carlo wollte, wie er behauptet, tatsächlich »gestoppt« werden und hat deswegen eine Frau gewählt, bei der es vielfache Möglichkeiten der Ablehnung und der Entdeckung gab.
- Carlo wollte entdeckt werden, aber nicht, um gestoppt zu werden, sondern weil er seine Frau verletzen wollte.

Jutta erwägt all diese Erklärungen, aber sie beschäftigt im Grunde ein anderer Gedanke. Sie fragt sich, wie sie dazu kommt, sich bei allen ernsthaften Problemen des Lebens auch noch mit einem solchen Blödsinn auseinandersetzen zu müssen.

»Es ist eine Bagatelle und doch keine«, überlegt sie dann weiter. »Denn die Folge ist, daß ich ihm nie mehr glauben kann. Das Sexuelle ist dabei zweitrangig. Sicher ist es kränkend, daß er sich an andere Frauen heranmacht, aber das ist hier nicht das wirklich Gravierende. Ich habe in ihm einen echten Partner, einen vertrauten Menschen gesehen. Und jetzt sehe ich in ihm einen irrationalen Menschen, der mich belügt und der unsere gemeinsame Existenz aufs Spiel setzt für nichts.«

Sie sucht nach einer Erklärung, aber auch wenn sie eine findet, wird das kein Trost sein, denn in Wirklichkeit ist jede Erklärung gleich deprimierend.

»Entweder er ist irrational, und ich kann damit rechnen, daß er in seiner Midlife-Krise dauernd hinter jungen Mädchen her ist, um sich seine Männlichkeit zu beweisen. Oder er ist boshaft und wollte mir etwas Böses antun, weil er sich mir aus irgendwelchen Gründen unterlegen fühlt. Oder er wollte unsere Vertrauensbasis absichtlich zerstören, weil zwischen uns zuviel Nähe war und er eine Barriere errichten wollte. Was es auch war, er hat zwischen uns viel kaputtgemacht.«

Das genau mag auch die Intention gewesen sein. Von der Intimität, die mit seiner Frau möglich gewesen wäre, hat Carlo weite Teile zerstört, vielleicht für immer. Jutta wird ihm nicht mehr so bedenkenlos vertrauen wie früher, und auch ihre Achtung vor ihm hat Schaden genommen. Das ist für ihn nicht sehr schmeichelhaft, aber vielleicht fühlt er sich wohler, jetzt, wo er einen psychischen Keil zwischen sich und Jutta getrieben hat. Vielleicht steckt auch ein wenig archaisches Herdenverhalten dahinter – Carlo, der Platzhirsch, muß sich gegenüber allen weiblichen Mitbewohnern seines Reviers als männliches Tier präsentieren.

Nicht zuletzt aber ist Carlo ein Beispiel für den destruktiven Unernst, mit dem Männer an ihr Leben herangehen. Es ist absolut möglich, daß Carlo sich – wie er selbst behauptet – bei dieser Sache »nichts gedacht« hat. Er hat vielleicht wirklich nur einem Reflex nachgegeben, experimentiert, ohne die Spur eines Gedankens daran zu verschwenden, welche Folgen sowohl der Erfolg wie der Mißerfolg des Experiments haben würden.

Bärbel ist 35 Jahre alt; eine Frau mit einem wuscheligen Lockenkopf und einer lebenslustigen Ausstrahlung. Ihre zwei Söhne sind 11 und 9 und leben heute mit ihr in einer freundlichen Wohnung voll mit Pflanzen und Miro-Drucken. Bärbel war zehn Jahre mit dem Vater der Kinder verheiratet. Nach der Scheidung war sie zwei Jahre allein, jetzt hat sie eine neue Beziehung zu einem Mann, den sie nicht heiraten will – weil sie gelernt hat, Männern, vor allem Ehemännern, zu mißtrauen.

»Meine Ehe ist sehr gut gelaufen. Wenn ich zurückblicke weiß ich noch immer nicht, was eigentlich passiert ist. Wir waren verheiratet, wir waren uns einig, wie wir leben möchten, es ist alles sehr sehr gut verlaufen. Vielleicht zu gut. Es gab eigentlich keine Wolke am Horizont, bis dann plötzlich das Gewitter aufgezogen ist. Im Grunde haben wir sehr gut harmoniert, und es gab keinen Konflikt, den wir nicht konstruktiv lösen konnten. Auch unsere Liebesbeziehung war sehr gut. Unsere Beziehung ist nicht abgekühlt, vor allem sexuell ist es immer ganz toll gewesen.

Um so mehr hat mich dann erschüttert – es deprimiert mich heute noch, wenn ich darüber nachdenke –, was dann nach acht Jahren passiert ist. Wir hatten die beiden kleinen Kinder, Wunschkinder, wir hatten einen riesigen Freundeskreis, mein Mann hat seine Aufträge bearbeitet – er arbeitete für eine Auto-Leasing Firma. Er hat durch seinen Beruf viele Leute kennengelernt, und mir hat es Spaß gemacht, seine Freunde zu treffen, sehr häufig sind wirklich Freundschaften zwischen ihnen und mir bzw. auch zwischen ihren Frauen und mir entstanden.

Wir waren uns nahe, sind aber auch nicht aneinander geklebt. Wir haben uns keine Rechenschaft abgegeben, was wir machen, wo wir sind. Aber dann ist mir aufgefallen, daß Hans immer öfter spät heimgekommen ist, ohne zu erwähnen, wo er gesteckt hat. Früher war das unüblich, da ist er heimgekommen und hat erzählt, was los war und was passiert ist. Das war meine Warnung, aber ich habe es nicht wirklich beachtet. Was dann kam, war ganz banal. Wie in billigen Komödien. In seinem Jackett, das ich zur Reinigung gebracht habe, fand ich einen Brief von einer Frau, mit der ich übrigens auch befreundet war. Es war ein ganz heißer Liebesbrief. Sie hat ihn gefragt, ob er sich nicht einmal eine ganze Nacht loseisen könne; sie würde es nicht ertragen, wenn er immer schon knapp nach Mitternacht aufstehen müsse, um zu gehen, damit ich keinen Verdacht schöpfe.

Ich war fertig.

Als er nach Hause kam, habe ich ihn sofort damit konfrontiert. Er hat überhaupt nicht reagiert, überhaupt nicht. Er hat nur die Schultern gezuckt und gesagt, das sei völlig normal. Das sei der Lauf der Dinge und ich solle jetzt nicht ausrasten und alles dramatisieren, es sei nämlich überhaupt nicht dramatisch und keine große Sache. Das habe ich dann auch versucht. Ich habe wirklich versucht, es so zu sehen. Aber der Riß war ganz tief. Es war nicht mehr dasselbe. Ich hatte keine große Lust mehr, mit ihm zusammen zu sein. Er war nicht mehr wirklich attraktiv für mich. Ich war auch mißtrauisch, enttäuscht; ich glaube, das war die größte Enttäuschung meines Lebens, dieser Betrug.

Nicht so sehr, weil er mit dieser Frau geschlafen hat. Es war eher die Tatsache, daß er mir so fremd war, daß er nicht in der Lage war, es auch überhaupt nicht versucht hat, mit mir gemeinsam zu überlegen, was da passiert ist. Natürlich kann es vorkommen, daß man nicht immer treu ist, daß man sich verliebt, was kann man machen? Das kann nicht verboten werden. Das hätte ich alles verstanden, das hätte ich verkraftet, wenn er sich dann nicht so abgewendet hätte. Er hat mir keinen Willen gezeigt, dieses Problem in irgendeiner Weise mit mir gemeinsam zu bewältigen.

Nein, ich sollte den Mund halten, es wegstecken, so tun, als ob nichts gewesen wäre. Ich war so fassungslos, weil wir uns vorher so nahe waren – ich habe eine ganz neue Seite an ihm kennengelernt, eine Seite, die mich abgestoßen hat.

Wir waren sehr befreundet mit einer Familie in der Nachbarschaft. Irgendwann einmal hat die Frau, Helen, zu mir gesagt, daß sie mit mir reden müsse. Sie könne es nicht mitanschauen, sie müsse es mir sagen, auch auf die Gefahr hin, daß ich böse bin und sie unsere Freundschaft kaputtmacht. Sie könne nicht länger zuschauen bei Dingen, von denen ich nichts wüßte, die aber sonst stadtbekannt seien. Sie sagte, daß Hans laufend Freundinnen habe, nicht eine ›Beziehung‹, sondern viele wechselnde Beziehungen. Die Nachmittage im ›Außendienst‹ seien in Wirklichkeit Nachmittage in irgendwelchen Klubs und Saunas. Alles ohne mich, ich saß mit den Kindern zuhause. Alle wüßten das, außer mir. Es war so entsetzlich banal und deshalb wahnsinnig demütigend. Was sollte ich tun? Ich habe alles versucht: Ich habe ihm nochmal einen Skandal gemacht, ich habe ihn konfrontiert, ich war eisig, dann wieder war ich herzlich, um ihn zurückzugewinnen, ich versuchte ihn zu verführen, immer im Bewußtsein, gegen eine ganze Armada weiblicher Sexbomben zu kämpfen. Es war wirklich furchtbar. Ich möchte nicht einen einzigen dieser Tage, keine dieser Nächte jemals wiedererleben.

Irgendwann war es dann einfach aus. Ich habe es nicht mehr ausgehalten, und es war einfach sinnlos. Damals ist sehr viel kaputt gegangen. Nicht nur diese Ehe, unsere Familie, sondern auch mein Vertrauen. Ich glaube, daß ich niemals wieder in einer Beziehung so vorbehaltlos sein werde, wie in dieser. Ich habe auch beschlossen – nicht wirklich so bewußt, aber es läuft wohl darauf hinaus –, nie wieder eine wirklich verbindliche Beziehung im Sinne einer festen Lebensgemeinschaft oder Ehe einzugehen.«

Lisa hatte sich, nach der Untreue ihres Mannes und ihrer Scheidung, ähnliches vorgenommen. Die 33jährige Cutterin hatte sich von ihrem Mann, einem Radiotechniker, getrennt, weil sie seine heimliche Affäre mit einer Nachbarin nicht verkraften konnte. Seine Untreue hatte sie »wie ein Donnerschlag« gerührt; sie vor allem in ihrem Vertrauen in andere Leute und in das eigene Urteilsvermögen erschüttert. »Irgendwie war es so niederträchtig, was er getan hat. Die Heimlichkeit, das Timing – während meiner Risikoschwangerschaft. Ich habe meine Achtung für ihn verloren, und konnte sie nicht wiedergewinnen.«

Die Trennung war trotzdem schrecklich. »Ich mußte mich nicht nur von dieser Person trennen, sondern auch von all den

Erwartungen und Hoffnungen und Überzeugungen, die ich mit dieser Person und unserem gemeinsamen Leben verknüpft hatte. Ich mußte mich von mir selber trennen: von meinem gutgläubigen, optimistischen, vertrauensvollen Selbst.« Vielleicht stimmte, was man so oft hört – daß die Ehe zu eng ist, ein Korsett, aus dem vor allem Männer irgendwann einmal ausbrechen wollen. Um eine solche Enttäuschung in Zukunft zu vermeiden, wollte sie ab nun für genügend Distanz sorgen.

Als sie den »witzigen, wendigen« Xaver kennenlernte, schätzte sie ganz besonders »die Leichtigkeit zwischen uns«. Kein Alltag, keine gemeinsamen Kinder mit allen verbundenen Sorgen, immer genug Abstand zueinander – so, dachte Lisa, konnte eine Beziehung funktionieren. Es gab ein Problem: Xaver war verheiratet. Angeblich hatten er und seine Frau sich vollständig auseinandergelebt, wollten beide die Scheidung. Heute, nach 9 Jahren, sind sie immer noch verheiratet, aber Lisa akzeptierte seine Erklärung, seine Frau und er blieben nur aus »sozialer Verantwortung« zusammen, als Freunde, für das Kind, gingen aber sonst getrennte Wege. Darüber war Lisa zwar nicht begeistert – aber da sie ohnehin weder heiraten noch mit Xaver zusammenleben wollte, und da seine Ehefrau diese Situation akzeptierte und Xavers Version der Dinge voll bestätigte, konnte sie keinen richtigen Einwand dagegen formulieren.

»Insgesamt«, resümiert Lisa, »ist die Beziehung sehr positiv. Wir haben viele gemeinsame Interessen, aber jeder kann auch sein eigenes Leben führen. Er ist sehr liebevoll. Bei uns läuft alles sehr gut.«

Beziehungsweise, es *lief* sehr gut. Bis eine Freundin »sich verplapperte« und Lisa erfuhr, daß Xaver seit kurzem eine Freundin hatte, daß es in seinem Leben eine neue Frau gab. Ihre Situation – die »betrogene Geliebte« eines zumindest formal noch verheirateten Mannes – mag etwas ungewöhnlich sein. Ihre Reaktion aber, und ihre Gedanken und Erklärungsversuche, werden viele Frauen nachvollziehen können.

»Ich war völlig fassungslos. Eine neue Flamme, und das schon seit mehreren Monaten – und ich hatte überhaupt nichts davon bemerkt. Dieses Ereignis liegt nun schon einige Monate zurück, wir haben viel darüber gesprochen, und es ist, glaube ich, aus dem Weg geschafft. Aber was ich bis heute nicht verstehen kann, ist, daß er etwas angerührt hat, das wirklich so gut funktioniert hat. Es hat zwischen uns ein großes Vertrauen gegeben. Im Gegensatz zu meiner Ehe ist das Vertrauen zu Xaver zwar noch nicht restlos weg, weil er immerhin sofort bereit war, über die Sache zu sprechen. Da war mein Mann anders; er hat alles abgestritten, alles geleugnet, bis die Beweise so eindeutig waren, daß er nicht mehr leugnen konnte. Xaver dagegen hat die Auseinandersetzung nicht gescheut. Wir haben nächtelang darüber gesprochen, was los ist; wobei ich allerdings mit seinen Erklärungen nur beschränkt etwas anfangen konnte.

Er meinte, daß er sich bei mir nicht mehr geborgen gefühlt hat. Es stimmt, daß ich damals mit meiner Tochter Probleme hatte, daß ich belastet war. Mein Ex-Mann hatte gerade viele Konflikte mit unserer Tochter, und ich stand dazwischen, obwohl ich es gar nicht wollte und mich sehr bemüht habe, mich herauszuhalten Aber sie kam von jedem Besuch weinend nach Hause – ich mußte mich einfach damit auseinandersetzen. Na gut, das waren harte Monate und ich war sicher sehr oft gestreßt, und meinen Job gibt es ja auch noch. Dadurch habe ich den Xaver sicher seltener gesehen. Xaver schien dafür Verständnis zu haben, er hat ja schließlich auch ein Kind. Vielleicht habe ich die richtige Balance verloren, ich weiß es nicht. Vielleicht habe ich zu wenig Zeit für ihn gehabt, und bestimmt gab es Tage, da war ich völlig ausgelaugt. Ich hatte dann nicht mehr den Schwung, abends noch wegzugehen oder zu Hause ein tolles Programm zu organisieren. Wahrscheinlich war es dann wie bei ihm zu Hause, wir saßen vorm Fernseher oder blätterten in den Zeitungen und irgendwann zwischen neun und zehn kippten wir ins Bett. Nicht unbedingt miteinander, sondern eher nebeneinander. Da hat sich weniger abgespielt als sonst, in dieser Phase, das ist wahr. Wenn man so will, kann man sagen, daß das mein Fehler war: Ich hatte ein Problem. Und Männer wollen keine Probleme, sie suchen das Leichte, das Einfache, etwas, das gut läuft. Es soll nicht allzu sehr mit Problemen beschwert sein, selbst wenn es Probleme sind, die sie gar nicht wirklich betreffen. Sie sind nicht sehr belastbar, zumindest die Männer, die ich kenne. Ich will nicht generalisieren, aber ich kenne eine ganze Menge Männer, auch durch meinen Job, und diejenigen, die ich kenne, mit denen muß man sehr vorsichtig umgehen, denen wird schnell alles zuviel.

Xaver hat es geschafft, mir plausibel zu machen, warum es zu diesem Verhältnis gekommen ist. Es macht mich zwar nicht glücklich, aber zumindest kann ich es verstehen. Wenigstens hat er sich bemüht, mir klarzumachen, was in ihm vorgegangen ist. Für mich war es ein Anlaß, über das Ganze nachzudenken und darüber nachzudenken, wie ich es mir in Zukunft vorstelle, was ich will. Ich will auf keinen Fall eine Vertiefung der Beziehung. Ich will nicht, daß er einzieht. Ich möchte lediglich einen interessanten Mann haben, mit dem ich ausgehe, mit dem ich Ferien mache, mit dem ich ab und zu ein Wochenende verbringe und unter der Woche hin und wieder einen Abend und eine Nacht. Das ist mehr als genug.

Ob ich mehr von ihm bekommen könnte, wenn ich es wollte, das weiß ich nicht. Ich habe niemals Anstalten gemacht, eine feste Beziehung mit Xaver einzugehen. Dadurch fehlte auch Xaver die Motivation, seine Frau wirklich zu verlassen. Ich glaube nicht, daß ein Mann so ins Blaue hinein aus seiner Wohnung auszieht, wenn es kein neues Zuhause für ihn gibt. Nicht, daß er es allein nicht schaffen könnte. Ich glaube nur, es ist ihm eine zu große emotionale Anstrengung sich loszukoppeln, sich zu lösen, wenn eine andere Frau nicht darauf besteht.

Wir haben also, wie gesagt, ausführlich über diese Sache geredet. Wenn ich aber ganz ehrlich bin, der Knacks ist drin. Was mich am meisten empört, ist, daß er dieses Verhältnis mit einer 17jährigen hatte. Und er ist 47, kann man sich das vorstellen? Was ist mit ihm los, was geht in diesem Kopf vor? Das ist doch einfach lächerlich.

Für mich besteht sein Betrug auch darin, daß er seinen Vorstellungen und Werten, die für ihn immer wichtig waren, untreu geworden ist. Was läuft in einen 47jährigen Mann, der Lehrer ist an einem Gyynasium, ab, wenn er mit einem 17jährigen Mädchen weggeht? Daß er auch mich damit lächerlich macht, im Freundeskreis, ist eine andere Sache. Jetzt heißt es nur noch, Xaver und sein Harem.

Natürlich mache ich mir darüber Gedanken, daß mir das schon zum zweitenmal passiert. Jedesmal fiel ich aus allen Wolken, als ich von der Untreue erfuhr. Ich glaube aber, daß ich damit keine Ausnahme bin, daß das ein ungeheuer häufiges Phänomen ist.

Ich lerne auch andere Männer kennen, das ist für mich kein Problem. Ich bin kontaktfreudig und habe einen Beruf, in dem man viele Leute kennenlernt. Wenn ich ganz ehrlich bin, kann ich mir schon vorstellen, nochmal eine andere Beziehung zu haben als mit Xaver. Hin und wieder lerne ich jemanden kennen, der mir gut gefällt, der mich interessieren könnte. Aber es bleibt immer sehr abstrakt. Ich würde das nicht machen; wenn es nicht die ganz große Liebe meines Lebens ist, würde ich nicht die Beziehung zu Xaver gefährden. Nicht für einen Jux. Daher ist es für mich doppelt schlimm, daß es für ihn ganz leicht geht, daß er das alles so einfach wegsteckt und im Grunde überhaupt nicht an mich gedacht hat. Ich habe ihm diese Frage gestellt: Hast du an mich gedacht? Er war erschüttert über diese Frage, ganz sichtbar und authentisch erschüttert. Es war ein Gedanke, der ihm noch gar nicht gekommen ist; nämlich daß er mich verletzt, mir schadet, mich lächerlich macht. Daß es für mich und für uns etwas bedeutet.

Irgendwie fühle ich mich jetzt in einer Zwickmühle; es ist

nicht mehr dasselbe wie früher. Ich habe ihm zwar verziehen und mir all seine Beteuerungen angehört und versucht, sie zu glauben. Andererseits ist etwas kaputtgegangen, etwas, das tiefer liegt als diese, vielleicht wirklich nur, Lappalie mit dem Mädchen. Es ist eine absolute Hintergehung einer Vereinbarung gewesen. Ich würde das nie tun, es würde mir nie einfallen; ich würde mich einfach zu schlecht fühlen dabei.

Ich habe versucht herauszufinden, was ihm vielleicht mißfallen hat an mir, an unserer Situation. Ich habe ihn direkt gefragt, aber er konnte nichts benennen, es war alles in Ordnung für ihn. Wie kann man nur, wenn alles in Ordnung ist, eine solche Bombe platzen lassen? Das verstehe ich nicht, das kann ich einfach nicht verstehen. Wie kann man mutwillig, wegen nichts, etwas Gutes zerstören?«

»Wie kann man mutwillig, wegen nichts, etwas Gutes zerstören?« Diese Frage ist es, mehr als die Kränkung, mehr als der Zorn, die Frauen beschäftigt, wenn sie mit der Untreue ihres Partners konfrontiert sind. Sicherlich fühlen sie sich in ihrer weiblichen Attraktivität beleidigt, in ihrem Vertrauen verletzt, in ihrem Selbstbewußtsein gefährdet, aber am allermeisten strapaziert ein solcher Vorfall ihre Intelligenz. Warum?

Er schien so glücklich mit den Kindern und seiner Familie. Die Beziehung schien, bei allen oberflächlichen Intermezzos, in ihrer Substanz so lebendig und wertvoll. Man schien sich gegenseitig zu verstehen, zu schätzen, zu lieben, und all diese Gefühle waren das Produkt gemeinsamer Zeit, waren entstanden und gewachsen. Und nun, wegen einer Affäre, die – wie er inständig beteuerte – ihm nichts bedeutete, setzte er das alles aufs Spiel? Machte die Familie kaputt, oder bügelte die Sache zwar irgendwie wieder glatt, hinterließ aber bei allem Verstehen, allem Verzeihen eine Bruchstelle, die nie wirklich wieder gutzumachen war? Das stärkste Gefühl der Frauen, mit denen wir über dieses schmerzhafte Erlebnis sprachen, war nicht Wut, nicht Trauer und nicht Verzweiflung, sondern Fassungslosigkeit. Die Fassungslosigkeit eines Menschen, der einen bisher für normal gehaltenen Mitmenschen bei einer Wahnsinnstat ertappt. Die Fassungslosigkeit eines Kunstliebhabers, der Zeuge ist, als ein befreundeter Galerist plötzlich mit einem Hammer auf eine Ming-Vase losstürzt, sie zerbricht, es nachher bereut und versucht, die Scherben mit Uhu wieder zusammenzuleimen. Warum?

»Es war einfach ein momentaner Impuls.« »Es hat sich so ergeben.«

Die drei Frauen, die wir hier ergänzend zu Wort kommen ließen, sind deshalb wichtig, weil sie diese Frage vollkommen unbeantwortet lassen. »Weil der Mann sich in einer traditionellen Ehe irgendwann eingeengt fühlt«, könnten wir als Erklärung vermuten. Aber für jeden eingeengten Untreuen gibt es einen anderen, der gar nicht eingeengt und trotzdem untreu ist. »Weil die Frau ihm kein Gefühl der Geborgenheit gab, und er es deswegen bei einer anderen Frau suchen mußte.« »Weil seine Freundin ihn bedrängt hat und er mehr Distanz brauchte.« »Weil seine Freundin heiraten wollte.« »Weil seine Freundin keine Vorstellungen von einer gemeinsamen Zukunft hatte, und Männer immer eine Frau brauchen, die Forderungen stellt und eine Linie vorgibt.« Für jede gebotene Erklärung gibt es eine andere, die die erste aufhebt. Für jeden Mann, der sich in seiner Beziehung sexuell langweilte, gibt es einen anderen, der sich sexuell überfordert fühlte und die Partnerin deshalb mit einer Frau betrog, die sich ihm in geruhsamer Weise meist verweigerte. Für jeden Mann, der sich eine Jüngere, eine Nettere, eine Zahmere suchte, gibt es einen, dessen Geliebte eindeutig weniger attraktiv, weniger angenehm und weniger fair war als seine Frau. Erklärung für Erklärung eliminiert sich bei genauerem Hinsehen; bis zum Schluß nur eine einzige Erklärung übrigbleibt.

Daß nämlich viele Männer eine glückliche Beziehung und eine gute Familie mutwillig kaputtmachen, einfach so.

Einfach so wie ein kleines Kind im Hochstuhl, das sein Lieblingsessen auf den Fußboden wirft und dann weint, weil es da unten liegt.

Einfach so wie ein Dreijähriger, der aus einem Impuls heraus seinen mühsam errichteten Schneemann flachtritt und dann heult, weil er ihn wieder ganz haben will.

Einfach so wie ein seelisch unfertiger Mensch, der sich und seine primitiven Impulse noch nicht in der Gewalt hat.

Die Männer brauchen keine archaische Männergruppe, sondern eine Brigade gut ausgebildeter Gouvernanten, die ihnen Tischmanieren, höflichen Umgang und Selbstbeherrschung beibringen.

Könige der Trümmer

Können Männer glücklich sein?

Reich, populär, angesehen, immer wieder zerstören gerade Männer des öffentlichen Lebens das, was sie aufgebaut/erreicht/ererbt haben. Und warum?
Wegen der Stärke ihrer Triebe und der Unwiderstehlichkeit einer jungen Blondine?
Oder weil sie ausbrechen müssen aus Gleichmaß, Harmonie, Vernunft?

Vielleicht hat die Genetik ja wirklich eine entscheidende Bedeutung. Jedenfalls haben Untersuchungen über das geschlechtsspezifische Spielverhalten von Kindern zwei Unterschiede zutage gefördert, an die wir immer wieder denken mußten, als wir uns die Liebesgeschichten erwachsener Männer anhörten. Die erste Beobachtung der Kinderforscher: Wenn man kleinen Mädchen und kleinen Jungen jeweils eine Schachtel mit Bauklötzen vorsetzt, bauen die kleinen Jungen Türme. Und die kleinen Mädchen bauen Häuser. Die Forscher interpretierten das sexuell: Die Jungen bauen phallische, emporragende Strukturen, die Mädchen eingeschlossene, uterine Behausungen. Der vielleicht wichtigste Unterschied aber blieb uninterpretiert als Fußnote. Die Jungen bauten herausragende Strukturen und Türme. Um sie am Schluß umstoßen zu können. Die Mädchen bauten schützende Räume. Und freuten sich an ihrem Werk und ließen es bis zum Schluß des Spiels bestehen.

Dann ließen sich die Forscher von den Kindern eine erfundene Geschichte erzählen. Da nichts vorgegeben war, waren die Geschichten der Kinder sehr vielfältig und bunt; und dennoch gab es eine deutliche Unterscheidung. Die Geschichten der Jungen bevorzugten das Abenteuer, den Helden, die Herausforderungen und Triumphe – und gingen fast immer schlecht aus. »Es gab eine deutliche Steigerung, wobei der Held mehr und mehr Triumphe erlebte und schließlich auf dem Gipfel stand, um dann steil abzustürzen.«

Die Geschichten der Mädchen erzählten auch von Abenteuern und hatten Hochs und Tiefs: Sie gingen aber fast immer gut aus. »Die Hauptfigur war mit einer Reihe von Herausforderungen konfrontiert, die sie meisterte, um am Schluß glücklich zu sein.«

Wer sich mit Biographien von Männern in größerer Anzahl befaßt, dem drängt sich fast unweigerlich eine Frage auf: Sind Männer allergisch auf Glück? Zu viele ihrer Lebensentscheidungen sind manifest selbstdestruktiv, als daß es ein bloßer Zufall, ein reiner kollektiver Entscheidungsfehler sein könnte. An zu vielen Punkten beschreiben Männer eine Lebenssituation, in der alles in Ordnung, alles schön war – und erzählen sogleich, was sie dann unternahmen, um alles zu zerstören.

Manchmal schreiben sie dabei einer Frau die Hauptrolle zu. Diese Frau hat sie, durch irgendeine störende Eigenschaft bei einer sonst reizvollen Persönlichkeit, vertrieben. Diese Frau hat sich in unwiderstehlicher Weise aufgedrängt. Diese Frau hat überreagiert, statt gelassen zu bleiben. Diese Frau wurde schwanger, wodurch die Männer sich eingefangen fühlten und flüchten mußten. Diese Frau ließ abtreiben, statt sie durch Austragen des Kindes zum eigenen Glück zu zwingen. Vielfältig sind die Mittäterschaften, die Männer den Frauen vorwerfen, um das eigene Scheitern zu erklären.

Natürlich, es gehören immer zwei dawenn ein Zusammenleben schiefgeht. Trotzdem: Wenn wir genauer hinsehen, erweisen sich die typischen Alpträume der Männer, Frauen betreffend, als Produkte aus eigener Werkstatt.

»Wäre ich mit 50 gestorben, dann als Arzt und als bekannter Politiker. Als jemand, der seinen Beitrag geleistet hat, als jemand, der von seiner trauernden Witwe Ingrid und von seinen Kindern Martyn und Sally sehr geliebt wurde...

Ein überdurchschnittlicher Mensch wäre an dem Tag begraben worden, jemand, der vom Schicksal gesegnet war... Aber ich starb nicht mit 50.

Es gibt sehr wenige Menschen in meinem Umfeld, die das nicht bedauern.«

So beginnt der Roman *Damage**, der von Männern in unseren Interviews so oft zitiert wurde, daß wir ihn allmählich als Schlüsselroman der männlichen Ego-Schwäche betrachteten. Der Roman ist nicht wirklich besonders erhellend; er ist unrealistisch, extrem, mit flachen und stereotyp gezeichneten Figuren und einem vorhersehbaren, klischeehaften Ende. Aber das Grundgeschehen ist ein archaisches: Ein Mann, der nach allen vorstellbaren Kriterien seine Ziele erreicht hat und glücklich sein könnte, macht sich daran, alles zu zerstören. Nachdem er sich einen schönen Turm gebaut hat, überkommt ihn der unwiderstehliche Impuls, ihn umzustoßen. Seine Geschichte erscheint ihm langweilig, und daher erfindet er schnell noch einen traurigen Ausgang.

Wenn nur er selbst davon betroffen wäre, könnten wir diesen Menschen bemitleiden: schrecklich, dieser selbstdestruktive Impuls. Aber verständlicherweise reißt dieser Mann eine ganze Reihe anderer Menschen mit in sein selbstgewähltes Unglück. Nicht nur für die Romanfigur gilt das bittere Fazit, daß die Summe des menschlichen Glücks höher gewesen wäre, hätte dieser Mann nie gelebt oder wäre er gestorben, ehe er auf seiner plötzlichen Geisterfahrt auf falscher Lebensspur noch den Seelenfrieden vieler unschuldiger Mitmenschen ruinierte.

Männer haben nicht gelernt, mit Frauen zurechtzukommen. Dieser Vorwurf, den wir im Einführungskapitel schon zitiert haben, stammt von einem Mann. Wir mußten bei den Erzählungen der Männer sehr oft daran denken. Der Satz fand seine Bestätigung, aber er verlagerte sich gleichzeitig in seiner Bedeutung. Nicht deshalb, weil Frauen heutzutage so schwierig sind, so unabhängig, kommen Männer mit ihnen nicht zurecht. Nicht die »neue Frau« ist ihr Problem, sondern die alte:

---
* Josephin Hart, Damage. New York 1991

das alte Klischee, die alten Klischees von Frauen. Das Problem ist nicht, daß die Frauen sich verändert haben, sondern daß die Frauen für die Männer ein Klischee geblieben sind. Bei den Erzählungen der Männer schien uns oft, als hörten wir dem Ensemblechef des Burgtheaters zu, der die Rollen zuteilt: die junge Naive, die böse Alte, der Vamp.

Und nicht nur das: Auch von sich selbst haben viele Männer oft nur eine sehr klischeehafte Vorstellung. Die massive Entfremdung von den eigenen menschlichen Eigenschaften gibt solchen Männern das Gefühl, ausgeliefert zu sein, zurechtgestutzt auf die Rolle des biederen, braven Familienerhalters, aus der sie nur ausbrechen können in das nächste klischeehafte Männervorbild, den sexuellen Abenteurer und Betrüger.

Es ist sicher kein Zufall, daß sehr unterschiedliche Männer uns zur Illustration ihres Denkens, als »Beweis« für ihre Erkenntnisse und Lebensweisheiten, immer wieder dieselben Beispiele nannten. Donald Trump wurde dauernd angeführt. Der Tycoon, dessen finanzieller Ruin damit begann, daß er einer jüngeren Kopie seiner Ehefrau verfiel, sich wegen dieser »Marla« lächerlich machte und dadurch zuerst Ivana und danach sein Imperium verlor, war für sehr viele Männer eine starke Identifikationsfigur. Die Männer sahen ihn mit Wehmut und verstanden sein Erlebnis: Da kam eine Junge, und er konnte oder wollte nicht widerstehen.

Ebensooft bezogen sie sich auf Gary Hart, den hoffnungsvollen amerikanischen Präsidentschaftsanwärter, dessen Kandidatur durch sein Intermezzo mit einem Model zerstört wurde. Bereits in dem Ruf, Affären zu haben, hatte er seine eheliche Treue beteuert und die amerikanische Presse aufgefordert, ihn auch nach Dienstschluß scharf im Auge zu behalten. Sie sollten ihn ruhig beschatten, sie sollten ihm folgen, sie sollten ihn beobachten, forderte er sie provozierend heraus, da gab es nichts zu entdecken, sein Privatleben sei makellos! Dieser Einladung kamen die amerikanischen Presseleute nach und entdeckten Gary Hart prompt in flagranti mit einer seiner Gespielinnen. Nicht einmal ein paar Monate lang, als Kandidat im Mittelpunkt des öffentlichen Interesses, konnte dieser Mann sich beherrschen und dem Lockruf der dummen Blondinen widerstehen, – diese Schwäche verursachte bei den Männern, die sich auf ihn beriefen, ein wehmütiges Seufzen.

Oft zitiert wurde auch Milan Kundera, dessen Kurzgeschichten und Romane von der unüberbrückbaren seelischen Kluft zwischen Männern und Frauen erzählen.

Der tolle Mann, erfolgreich in allen Lebenssparten, den seine Sexualität oder, besser, seine mangelnde sexuelle Selbstbeherrschung zu Fall bringt – für Männer ist dieses alte Klischeebild hochaktuell. Die Achillesferse: Männer orten sie nicht an ihrem Fuß, sondern unterhalb der Gürtellinie.

Und das Klischee erhält ständig Bestätigung durch die Realität. Wir können die 90er Jahre sogar als Dekade der Entlarvung betrachten, der Entmystifizierung, als die Jahre, in denen das stolze starke Geschlecht immer und immer wieder in seiner pubertären Lächerlichkeit entlarvt wurde. Clarence Thomas, der brillante, stets sehr ernst und streng blickende und würdevolle schwarze Jurist, der sich aus dem unterprivilegierten Nichts hocharbeitete bis zum amerikanischen Gerichtshof – von einer ehemaligen Mitarbeiterin bloßgestellt als eine lächerliche, jämmerliche Figur, die mit pubertären Witzen und stupider Anmache seine Kolleginnen nervte. William Kennedy Smith, stolzer Sprößling einer amerikanischen Dynastie, angehender Arzt – verwickelt in eine peinliche und erniedrigende Episode der Nötigung. Die beiden wurden zwar freigesprochen, weil der patriarchale Machtapparat sich voll hinter sie stellte, aber ihr »Gesicht« haben sie für immer verloren.

»Wer«, fragt ein amerikanischer Kolumnist zu Recht, »wird den Namen Clarence Thomas jemals mit etwas anderem verbinden als mit seinen peinlich-blöden Belästigungen weiblicher Mitarbeiter? Egal, welch brillante Rechtsurteile er in seinen Amtsjahren produziert, niemand wird seinen Namen hören, ohne das Gesicht zu verziehen.«

Dann gab es noch Mike Tyson, das Sportidol – der ersten Entblößung seines Sexualverhaltens widerstand er noch, der öffentlichen Anschuldigung von ehelicher Gewalt und Vergewaltigung durch seine Ex-Ehefrau. Der zweite Zwischenfall endete mit einem Schuldspruch und seiner Inhaftierung.

Gerade noch ein Held – und schon entlarvt als schmieriger Sexualattentäter, Belästiger junger Frauen, Erzähler blöder Witze, Betatscher, Lügner..., das war das herausragende Männerschicksal der frühen 90er Jahre. Die Frau als Klägerin, immer und immer wieder sahen wir sie in Zeitungen und Zeitschriften, auf dem Bildschirm. Bei aller bunten, skandalträchtigen Vielfalt der häßlichen Geheimnisse reduzierten sich die Anschuldigungen letzten Endes auf zwei Vorwürfe: Der Mann kann seine sexuellen Impulse, die zudem sehr unreif, unerotisch und krank sind, nicht kontrollieren.

Und: Bei seiner Aufgabe als Partner versagt der Mann kläglich; er ist lieblos, gemein, gefühlsarm, unehrlich. Robin Norwoods Bestseller* trug einen genialen, aber irreführenden Titel: Es war nur deswegen davon abzuraten, daß Frauen zu sehr liebten, weil die Objekte ihrer Liebe so unwürdig waren und ihnen diese Liebe weder dankten, noch sie erwiderten oder verdienten. Abertausende Frauen in aller Welt erkannten sich in diesem Schicksal wieder, Tausende fanden sich in Gruppen zusammen, um zu lernen, dieses Schicksal abzuschütteln.

1992 bescherte uns das prominenteste Opfer männlicher seelischer Grausamkeit: Prinzessin Diana. Machen wir nicht den Fehler, ihre Tragikomödie als trivial einzustufen und sie der Boulevardpresse zu überlassen, denn in diesem Fall steckt die geballte Symbolik unserer sexuellen Archetypen. Was geschah, nachdem der stolze Prinz die schöne Prinzessin heiratete? Er war eifersüchtig auf ihre Beliebtheit und Popularität, verspot-

---
* Robin Norwood, Wenn Frauen zu sehr lieben. Reinbek bei Hamburg 1986

tete ihre Persönlichkeit und strafte sie mit Gleichgültigkeit und Mißachtung.

Männer: Nicht einmal eine Prinzessin können sie lieben. Frauen: Sie sind schön und reich, das Volk jubelt ihnen zu, und trotzdem sind sie unglücklich, wenn ihr Partner sie nicht liebt. Die Funktion von königlichen Paaren ist es immer schon gewesen, symbolisch die familialen Grundpfeiler der heterosexuellen Realität vorzuleben: Deshalb waren ihre Verheiratungen, ihre Niederkünfte, in primitiven Gesellschaften sogar ihre Ehevollzüge stets öffentlich. Niemand kann der englischen Monarchie vorwerfen, nicht zeitgemäß zu sein; ihren Auftrag, die sexuellen Entwicklungen und Wertvorstellungen unserer Kultur exemplarisch vorzuleben, erfüllen sie gewissenhaft. Charles und Diana zeigen uns genau, warum die von Männern und Frauen in der heutigen Zeit nicht mehr funktionierten: weil die Frauen enttäuscht und verbittert sind von der emotionellen Armut und der sozialen Verweigerung ihrer Männer.

In den letzten Jahren wurde uns der private prominente Mann vorgeführt und zwar immer wieder als Ehebrecher, Filou und als gefühlskalter Liebesverweigerer. Darüber hinaus aber hatten all diese Skandale noch etwas sehr Wichtiges miteinander gemein, das ihnen erst ihre spezifische Bedeutung verlieh: In allen Fällen bewies der Mann ein äußerst schlechtes Urteilsvermögen. In allen Fällen riskierte er aus lächerlichen Gründen seine gesamte bisherige Existenz, stand der Gewinn in keinem Verhältnis zu dem Schaden. Für den Anwärter auf einen Königsthron und den Vater von Söhnen, die die Dynastie in die Zukunft tragen sollen, ist eine stabile und zumindest nach außen hin intakte Ehe äußerst wichtig. Für die angesehenen Kennedys ist ihre Reputation entscheidend. Von einem Juristen, der über andere richten soll, wird eine moralisch unantastbare, starke Persönlichkeit erwartet. Ein Sportidol sollte es nicht nötig haben, Frauen zu vergewaltigen und zu bedrohen – er sollte in der Lage sein, sie durch seinen maskulinen Charme und seinen Ruhm zu gewinnen. Für das Image eines Geschäftsmannes ist es wichtig, daß er von seinen Partnern und von seinen Widersachern ernst genommen wird als rationaler Mensch, der sich unter Kontrolle hat.

Was die hier zitierten Männer des öffentlichen Lebens taten, zahlte sich nicht aus; angesichts dessen, was sie aufs Spiel setzten, ergeben die Risiken, die sie auf sich nahmen, einfach keinen Sinn. Mike Tyson, Donald Trump, William Kennedy-Smith, Prinz Charles, sie geben uns Rätsel auf.

Diese Fälle interessieren uns nicht bloß aus Voyeurismus, sondern weil etwas Essentielles der Mann-Frau-Beziehung damit angesprochen ist. *Warum* – diese Frage ist es, oft mehr als die Verletzung oder die Kränkung, die Frauen krank macht am Verhalten ihrer Männer. Ihre Affären sind oft einfach so dumm, ihre Seitensprungpartnerinnen so schlecht gewählt, der Zeitpunkt so irrational, der Schaden so groß, der Gewinn so klein – warum tun sie es dann nur? Warum ruiniert ein Mann gerade dann seine Ehe, wenn er in der Midlife-Krise steckt und den festen Halt von Menschen, die ihn wirklich lieben, ganz besonders braucht? Warum beraubt er sich gerade dann des psychischen und emotionalen Halts, der in seinem fraglich gewordenen Lebensbild die Basis für eine neue Zuversicht bringen könnte? Warum tauscht er etwas wirklich Wertvolles gegen eine Nichtigkeit ein? Warum sieht er nicht das Unverhältnis zwischen dem großen Unglück, das er seinen Kindern und seiner Familie und seiner Integrität zufügt, und dem sehr kleinen Spaß, den er und sein Ego an der heimlichen Affäre haben?

Frauen stellen sich diese Fragen, notgedrungen, aber Männer scheinen sich in diesem Punkt selbst Rätsel aufzugeben. Die sexuelle Selbstdestruktion, im Denken der Männer spielt diese Gefahr eine nicht unerhebliche Rolle. Wie wir eingangs schon gesehen haben, gibt es dafür allen Grund. Viele Männer stolpern endgültig über solche Episoden; da ist es verständlich, wenn diese Gefahr auch den Männern gewärtig ist.

Aber es ist, in ihrem Denken, ganz offensichtlich nicht nur ein Alptraum; es ist auch eine Phantasievorstellung. Irgendwie scheint ein solcher Untergang etwas Faszinierendes, etwas Reizvolles zu haben.

Diese Ambivalenz kommt im Roman *Damage* zum Ausdruck, und vielleicht erklärt sich daraus die Popularität dieses Buches gerade bei Männern.

Die Geschichte ist schnell erzählt. Ein erfolgreicher Arzt und Politiker lernt die neue Freundin seines Sohnes kennen und fühlt sich von ihr sofort erotisch angezogen. Er beginnt ein Verhältnis mit ihr und läßt sich auch dann nicht davon abhalten, als sein Sohn die Verlobung bekanntgibt. Durch einen Zufall überrascht der Sohn die beiden mitten in einem sadomasochistischen Sex-Spiel. In seinem Schock stürzt er über ein Treppengeländer und bricht sich das Genick.

In dieser Geschichte und in ihren zusätzlichen Dimensionen verbergen sich etliche weitere Botschaften. Die offensichtlichste: Ein Mann, der gerade wegen seines Erfolges in eine Sinnkrise geraten ist, verliert vorübergehend sein Urteilsvermögen, flüchtet sich in ein sexuelles Abenteuer und verliert in der Folge alles, was in seinem Leben wertvoll war – den Sohn, die Frau, sein politisches Amt und Ansehen und auch die junge Geliebte. Das ist der Tatbestand, aber wie kam es dazu? Hier wird die Geschichte komplizierter, und hier skizziert die Autorin ein männliches Psychogramm, in dem viele Männer sich bedenklicherweise wiedererkannten.

Der Held, ein Herr Jedermann der gehobenen Klasse, leidet an Langeweile. Eigentlich ist er, wie er selbst am besten weiß, vom Schicksal gesegnet. Seine Frau ist schön, im Zusammenleben angenehm und genau der Typ, der seine Persönlichkeit am besten ergänzt. Seine Kinder sind gesund, interessant, fassen gerade Fuß im Leben.

»War das nicht der Kern des Lebens? Eine Frau, zwei Kinder, ein Heim. Ich hatte es geschafft. Ich war in Sicherheit... Insgeheim gratulierten wir uns dazu... Vielleicht hatten wir erkannt, daß man das Leben meistern kann, daß Intelligenz und Wille eine Rolle spielen.«

Doch noch während er spricht, erahnen wir bereits, daß dieser Mann einer verhängnisvollen Rechnung erliegen wird, daß er Glück mit Langeweile gleichsetzen wird:

»Manchmal betrachtete ich meine Frau, während sie schlief. Würde ich sie wecken, ich hätte ihr nichts zu sagen. Welche Fragen sollten das sein, die sie mir hätte beantworten können? Meine Antworten waren alle da, in Martyns Zimmer, in Sallys Zimmer (die beiden Kinder). Wie konnte ich da noch Fragen haben? Welches Recht hatte ich auf Fragen?

Die Zeit ritt durch mein Leben – siegreich. Ich konnte mich gerade noch an den Zügeln festklammern.«

Die Midlife-Krise, in der man das Erreichte in Frage stellt, die nichtgewählten Lebenswege betrauert, das heranrückende Alter fürchtet, sie ist normal und verschont kaum einen von uns. Und trotzdem – die Gleichsetzung von Glück mit Gefangenschaft hat etwas sehr Maskulines. Eine Frau, die sich gefangen fühlt, kann dafür gute und konkrete Gründe nennen: Sie hat ihre Wünsche und Ziele aufgeben müssen für die Familie, sie fühlt sich eingekreist von den vier Wänden, in denen sie ihr Hausfrauenleben führt, ihr Mann ist unfreundlich, und die Kinder sind undankbar.

Männer aber können sich erstaunlicherweise gefangen fühlen, weil sie ihre Wünsche und Ziele erreicht haben, weil ihre Frauen sie lieben und ihre Kinder sich nach ihrer Gesellschaft sehnen.

Unser Held jedenfalls ist ein solcher Mann. Und in dieser Stimmungslage findet die verhängnisvolle Begegnung mit Anna statt, mit der neuen Freundin seines Sohnes.

In Anna können wir schnell die Verkörperung eines weiteren männlichen Frauenstereotyps erkennen. Wenn ein Mann ein Verhältnis hat, dann mit einer von drei möglichen Klischeefrauen: mit der netten, mütterlichen, kumpelhaften Frau, die ihn versteht und auf ihn eingeht. Mit der doofen, aber rassigen Blondine, die ihm eine zweite Jugend schenkt und ihm seine männliche erotische Kraft bestätigt. Oder aber mit der dämonischen Verführerin, die aus Habgier, aus Berechnung oder aus Perversion seine Sinne benebelt. Zwar will er durch seine Affäre seine Potenz bestätigt wissen, aber gleichzeitig sieht er sich als schwach, wodurch er natürlich die Verantwortung für sein Handeln abschieben kann, denn es ist seine Sexualität, die ihn treibt. Nicht er hat den ersten Schritt getan, sondern die Frau. Wer mit seiner Ehe und mit seinem Leben unzufrieden ist, der wird anfällig: für die gute Frau, für die dumme Frau oder für die böse Frau.

Im Fall unseres Helden ist es letztere. Schon ihre ersten Worte lassen Böses ahnen. »Ihre Stimme war sehr tief, klar, und unfreundlich.« Sie ist groß und blaß, trägt ein strenges schwarzes Kostüm und »lächelt überhaupt nicht«. An anderer Stelle wird sie beschrieben als »fast häßlich«. Und von dieser Frau fühlt er sich sofort in den Bann gezogen. Sie gefiel ihm, er fühlte sich von ihr angezogen, und er dachte, er könne diesem Gefühl spielerisch und in Maßen nachgeben.

»Dieses verhängnisvolle Mißverständnis bringt viele zu Fall. Diese absolut falsche Vorstellung, daß wir die Kontrolle behalten. Daß wir wählen können, ob wir gehen, oder bleiben, ohne Schmerz. Ich hatte meine Seele verloren, aber doch nur ganz privat, ...ohne daß irgend jemand davon wußte.«

Hier handelt es sich nur um eine fiktive Romangestalt, aber seine Gedanken werden von vielen, vielleicht den meisten Männern geteilt: Er sieht sich als passiv, als jemand, dem etwas zustößt. Nicht er entscheidet, sondern es geschieht mit ihm. »Sie war das sekundenschnelle Ereignis, das alles verändert; der Autozusammenstoß..., der Knoten in der Brust oder dem Unterleib, der Blitzschlag. Auf meiner wohlgeordneten Bühne gingen die Lichter an, und vielleicht wartete ich endlich auf meinen Auftritt.«

In diesem letzten Satz beweist die Autorin ihre psychologische Intelligenz, ihre scharfe Beobachtung männlicher Lebenswege. Erst in der Beschädigung, in der Destruktion, im Zufügen von Kränkungen und Schmerzen erleben viele Männer sich als frei und als handelnd, gerade so, als ob Türme nur dazu da wären, um niedergestoßen, Gefühle, um verletzt zu werden.

Im Hauptteil des Buchs geht es um die Beziehung zu Anna. Sie besitzt eine »dunkle Kraft«. In den sadomasochistischen Begegnungen spielt sie die Sklavin, hat dabei aber zweifellos die Oberhand. Sie bestimmt die Regeln, die Orte und Zeiten der Begegnung, die Grenzen. Sie teilt sich überhaupt nicht mit und besteht auf einer rein sexuellen Interaktion. Sie hat keine Bedürfnisse, scheinbar keine Gefühle. Sie ist das böse, das schlechte Weib, aber bei alldem ist auffallend, daß sie eigentlich mehr den maskulinen als den femininen Typus verkörpert. Schon in ihrer ersten Beschreibung war das zu erkennen: Ihre Stimme ist »sehr tief«. Normalerweise lächeln Frauen; Anna lächelt nie. Sie ist groß, ihr Körper hat keine weiblichen Konturen, sie trägt einen schwarzen Anzug. Bei all ihrer Unweiblichkeit entspricht sie einem männlichen Traumbild, denn sie will keine Beziehung, nur Sex. Sie ist für jede sexuelle Phantasie zu haben, stellt aber selbst keine Ansprüche. Warum gehört es zu ihrer Beschreibung, maskulin oder bestenfalls androgyn zu sein? Hier werden nicht etwa latente homosexuelle Neigungen des Helden deutlich, sondern rein narzißtische. Mit ihr ist der Mann allein mit seinem liebsten Menschen, sich selber.

Und doch ist sie eine Frau, und daher Projektionswand für männliche Ängste und Sehnsüchte. Unser Held, erstmals im Bann sehr heftiger Empfindungen, fühlt sich durch sie »geboren«. Und zu einer Geburt gehören mehr als bloß mütterliche Eigenschaften: »Eine Geburt ist immer gewalthaft, daher suchte ich in ihr nie nach Sanftheit und fand auch keine.«

Annas Rolle wird uns so beschrieben: »Sie schrie nie. Geduldig ertrug sie die langsamen Qualen meiner Anbetung. Manchmal, ihr Körper verdreht und unmöglich verbogen wie auf dem Foltergerät meiner Phantasien, erduldete sie stoisch mein Gewicht. Mit dunklen Augen, mütterlich, die zeitlose Gebärerin dieses Wesens, das ihr weh tat.«

Von Annas Unnahbarkeit fasziniert, gerät der Held immer tiefer in ihr psychisches Fangnetz. Ihrem Plan, seinen Sohn zu heiraten und das sexuelle Verhältnis mit dem Schwiegervater fortzusetzen, stimmt er zu. Gleichzeitig versucht er mehr über sie zu erfahren, über ihr Leben, ihre Vergangenheit, doch die Informationen sind widersprüchlich und beängstigend. Sie gibt eine inzestuöse Beziehung zu ihrem Bruder zu, der sich deswegen umbrachte, aber was ist daraus zu schließen? Daß sie von diesem tragischen Ereignis beschädigt und deshalb so seltsam ist? Oder daß sie schon immer beschädigt und seltsam war und deshalb den Bruder in sein Verderben zog?

Die Geschichte kulminiert an dem Nachmittag, an dem Annas Vater einen Herzinfarkt erleidet und ihr Verlobter sie suchen geht, um es ihr persönlich schonend beizubringen. Er findet sie mit seinem eigenen Vater, stolpert erschrocken rückwärts und fällt in seinen Tod. Der entsetzte Vater stürzt zu ihm, immer noch nackt, und umarmt verzweifelt den toten Sohn. Erst später kommt Anna. »Angekleidet, frisiert und schrecklich gelassen sagt sie, ›es ist vorbei‹. Sie berührte leicht meine Schulter und betrachtete Martyn ohne Rührung, dann glitt sie zur Tür und verschwand in der Nacht.«

Hier wird eine Dämonin beschrieben, eine Hexe. Die Dunkelheit, die Nacht ist ihre Domäne; sie hat kein Mitleid und keine Gefühle. Hat sie das Ganze nicht sogar inszeniert, indem sie Martyn irgendwie die Adresse ihres heimlichen Liebesnests zukommen ließ – denn wie war es sonst möglich, daß er sie dort fand?

Unser Held hat nun alles verloren. Seine Frau haßt und seine Tochter verachtet ihn. Sein Amt mußte er nach dem

Skandal niederlegen. Sein Sohn ist tot durch sein Verschulden. Die Geliebte ist verschwunden. Er lebt in äußerster Zurückgezogenheit in einer kleinen Wohnung, ganz allein. Zwei Fotos muß er immer wieder betrachten: eines von seinem Sohn, eines von Anna. Einmal im Jahr verreist er. Anläßlich einer solchen Reise sieht er am Flughafen plötzlich Anna. Sie sieht ihn, sieht ihn an; dann geht sie an ihm vorüber. Sie geht zu einem Mann, der ein Kind an der Hand hält; sie dreht sich zur Seite, und dabei wird erkennbar, daß sie schwanger ist.

Was bedeutet dieses Ende? In Gegenüberstellung mit unseren Männerinterviews ergibt es für uns sehr viel Sinn. Für viele Männer ist die Frau nicht nur die Stärkere. Vor allem ist sie diejenige, die – vielleicht genetisch, vielleicht schon seit frühester Kindheit darauf hinerzogen – im Besitz der Normalität ist. Sie ist es, die Häuser baut und sich darin wohl fühlt. Wie wild sie auch erscheinen mag, wenn man sie hoffnungsvoll in der Disco aufreißt und eine tolle, unkonventionelle Affäre mit ihr haben will: irgendwann will sie garantiert heiraten. Anna, die Dekadente, die Hemmungslose – letztendlich endet sie als Ehefrau und Mutter, ihre dämonische Weiblichkeit sorgfältig verpackt und verborgen unter einem mysteriösen Gesicht und einem Umstandskleid.

Der Mann: ihr Opfer, ihr Werkzeug, ihr Spielzeug, ihr Kind. Wenn Männer sich eingesperrt fühlen, dann nicht nur in einer langweiligen Ehe oder einem biederen Eigenheim. Sie fühlen sich eingesperrt auf diesem Planeten, eingesperrt in ihrer Seele, und ihr Gefühl trügt sie nicht. Die Freiheit läge in der Verantwortung, im unabhängigen Urteil über Menschen und Situationen statt in dem Festklammern an Stereotypen über gute und böse Frauen, freie und domestizierte Männer, im Akzeptieren von Verbindlichkeiten.

Statt dessen schieben sie den Frauen den Schwarzen Peter zu, immer wieder. Sie wollte unbedingt heiraten. Sie wurde schwanger. Sie wollte ein zweites Kind. Sie kam in mein Zimmer. Sie hat mich verführt. Sie hat mich verlassen. Männer brauchen sogar noch eine Frau, die für sie den Schlüsselroman über die neurotische Männerpsyche schreibt. Das Selbstmitleid der Frauen, das uns schon seit 20 Jahren auf die Nerven geht, ist nichts im Vergleich zum Selbstmitleid der Männer.

Die Sehnsucht nach dem Klischee
Die Frauenbilder von John, Richard und Fernando

*Vertraut und überholt – Männer verzichten ungern
auf ihr altes Frauenbild, das ihnen Überschaubarkeit
und Sicherheit im Umgang mit Frauen verspricht.
Da sie von diesen Stereotypen nicht lassen können,
gehen sie auf die Suche nach erfolgversprechenden Exemplaren,
die sie sich zurechtstutzen können als:
die Unnahbare, die Verführerin, die Mutter.*

John – der Yuppie und die Weiber

Wir besuchen John in einem winzigen Atelier in München, wo er seine Aufträge als Grafiker für Werbefirmen erledigt und auch wohnt. John ist 30, eher schmächtig, vom Äußeren her definitiv ein Yuppie, der auch abends zu Hause noch eine Krawatte, allerdings eine vom Flohmarkt, trägt. Im Moment lebt er allein mit der Katze Yolanda, die während des Gesprächs mit resoluter Pfote in unseren Taschen herumangelt. Die Freundin und eigentliche Eigentümerin der Katze ist in ihre Heimat, nach Kanada, zurückgekehrt, einerseits weil sie wollte, andererseits weil sie von John losgeschickt wurde mit dem Auftrag, »unabhängiger« zu werden. Johns Erzählung ist interessant, weil sie so viele für Männer typische Merkmale aufweist. Als musikalischen Hintergrund genießen wir übrigens Wagner, der auch auf der Tonbandkassette noch eine dramatische Unterlage für Johns Aussagen liefert.

»Meine Mutter war – und ist noch – Journalistin, mein Vater ist Naturwissenschaftler. Sie sind sehr verschieden, und die Dynamik zwischen ihnen war sehr interessant. Der eine war angepaßter – mein Vater. Meine Mutter war unkonventioneller. Mit den Jahren habe ich dann erkannt, daß Persönlichkeiten sehr vielschichtig sind. Es gibt zum Beispiel viele Bereiche, in denen meine Mutter letztendlich viel konventioneller ist als mein Vater. Zum Beispiel, was Lebensplanung anbelangt.

Meine Mutter möchte, daß ich heirate und eine Familie habe. Mein Vater sieht das gelassener. Ich spreche über meine Beziehungen nicht mit meinen Eltern. Meine Mutter fragt oft danach, wenn wir telefonieren. Manchmal erzähl' ich ihr etwas und manchmal nicht.

Meine jetzige Freundin habe ich an der Uni kennengelernt. Ich halte dort öfter Kurse ab, und sie hat an einem teilgenommen. Das ist jetzt zwei Jahre her.
 Wie sie ist? Nun, anfangs ist sie ziemlich still und zurückhaltend. Sie trägt einen Panzer. Es ist schwer für sie, neue Leute kennenzulernen, sie kann dann sehr kalt wirken. Erst allmählich wird sie warm. Ob mir das gefällt an ihr? Gute Frage. Ich... also, ich finde es faszinierend, wenn da eine Gruppe von Menschen beisammen ist, und alle reden, und eine Person sitzt auch dabei und sagt aber nichts. Wenn jemand reserviert ist, wenn jemand seine Gedanken für sich behält, dann interessiert mich das. Und, es kann vorkommen, daß ich diese Person bin, das ist auch ein Aspekt meiner Persönlichkeit.
 Aber man könnte deshalb noch nicht behaupten, daß das mein Frauentyp ist. Meine letzte Freundin war ganz anders. Mit meiner jetzigen Freundin, Sandra, habe ich unheimlich viele Parallelen. Die Ähnlichkeit in unserem Denken und in unserer Familienherkunft ist erstaunlich. Unsere Familienstruktur ist identisch, was die Dynamik anbelangt, sogar die Anzahl der Geschwister ist dieselbe. Sie entspricht ganz genau meiner jüngsten Schwester.
 Vor drei Wochen ist sie abgereist, sie ist nach Kanada zurückgefahren. Beim letzten Telefonat klang sie nicht sehr glücklich. Einige ihrer Freundinnen steigen gerade aus Ehen und Beziehungen aus, sie macht sich Gedanken, wie es mit uns weitergehen wird.
 Was mir diese Beziehung bedeutet? Für mich war das die beste Beziehung, die ich jemals hatte. Ich träume davon, mit ihr zusammenzusein, für... für... für den Rest davon. Für den

Rest des Lebens. Aber es gibt einige Punkte, die zuerst geklärt werden müssen. Auch die Frage der Verantwortung muß geklärt werden. Wenn sie hier leben soll, muß sie selbständig sein, kann sie nicht von mir abhängig sein. Auch finanziell nicht. Aber sie kann hier nicht arbeiten, sie bekommt auch keine Arbeitsgenehmigung. Wenn wir heiraten würden, dann ja. Aber das, nein, das kann ich nicht, das wäre nicht gut. Obwohl wir darüber gesprochen haben. Aber, nein.
 Die Ehe ist für mich ein riesiges, erschreckendes Ding. Ja. Meiner Meinung nach ist das eine soziale Einrichtung, die einfach nicht funktionieren kann. Das ist meine Beobachtung, und meine bisherige Lebenserfahrung sagt, daß sie einfach nicht funktionieren kann. Und der Grund? Der liegt vielleicht im unterschiedlichen Wesen von Männern und Frauen. Da gibt es eine Dichotomie, die unendlich viel Schmerz bereitet.
 Der erste Unterschied ist ein animalischer. Männer brauchen, aus welchen Gründen auch immer, mehrere Frauen. Im ganz primitiven Sinn. Man kann nicht einmal sagen ›Frauen‹, sie brauchen Weiber. Ich spreche nicht von so etwas Elegantem wie ›anderen Beziehungen‹. Das muß überhaupt keine Beziehung sein, das kann einfach eine Hure sein, für eine halbe Stunde. Aus irgendwelchen Gründen brauchen Männer das. Das ist eine ganz starke, sehr destruktive Tendenz im Mann. Kennen Sie diesen Roman, ›Damage‹? Da gibt es diese Szene, der Mann, ein respektabler Mann und Vater, sieht die Freundin seines Sohnes, und er weiß sofort, daß er mit diesem Mädchen etwas haben wird. Er sieht es in ihren Augen. Das klingt jetzt blöd, aber das ist eine wichtige Facette der männlichen Persönlichkeit.
 Oder Donald Trump. Als diese Sache mit seiner Freundin aufkam, mit dieser Marla, da wußte ich sofort, daß es mit diesem Mann jetzt aus ist. Daß er mit seiner Ehe auch seine Geschäftserfolge und seinen ganzen Glanz verlieren würde, weil er den anderen Männern damit zeigte, daß er irrational ist, schwach ist, kleinlich ist, sich nicht beherrschen kann. Ich

habe mit meinem besten Freund, einem Fotografen, lange darüber diskutiert, und er war auch dieser Meinung. Und wir haben recht behalten. Was hat Trump bei dieser anderen Frau gesucht? Was hat er dort bekommen, was er bei seiner Ehefrau nicht hatte? Da gab es nichts, aber er konnte nicht dagegen an.

Ein Grund dafür ist zweifellos, daß Männer und Frauen anders mit dem Problem des Todes umgehen. Männer drehen durch bei dem Gedanken, Frauen gehen irgendwie anders und konstruktiver damit um. Auch die Geburt des ersten Kindes bedeutet für Frauen und Männer daher etwas gänzlich Unterschiedliches. Wenn ihr erstes Kind geboren wird, sind Männer schlagartig mit ihrem bevorstehenden Tod konfrontiert. Sie sehen in dem Kind ihren Nachfolger. Ihr Nachfolger ist eingetroffen, jetzt werden sie sterben.

Auch das Klischee, daß Männer Jäger sind, ist leider wahr. Sie brauchen die Bestätigung, die eine neue Eroberung ihnen gibt. Sie können das sublimieren, aber es kommt immer wieder zur Oberfläche.

Ein weiterer Unterschied ist die sexuelle Empfindung, auf jeden Fall. Aus allem, was ich lese und höre, schließe ich, daß Frauen ein wesentlich emotionaleres Erlebnis beschreiben. Milan Kundera hat das in seinen Schriften großartig zum Ausdruck gebracht. Da gibt es eine Szene, wo ein Mann und eine Frau, die einmal eine flüchtige Affäre hatten, sich wiedersehen. Die Frau erinnert sich an einen Nachmittag in einem Hotel, und sie weiß noch jedes Detail. Wie das Zimmer gerochen hat, nach welchem Putzmittel; das Bett, das geöffnete Fenster; daß dann ein Windstoß kam und die Lampe umstieß. Das geht also einige Absätze so weiter, während sie ganz genau beschreibt, was an diesem Nachmittag war. Und der Mann denkt nach und sagt, ah ja, stimmt, in dem Hotel haben wir einmal miteinander geschlafen. Das ist alles, was für ihn noch davon da ist.

Männer sind gefangen in ihrem Bedürfnis, sexuell zu akquirieren. Mein Ziel in einer dauerhaften Beziehung wäre es, dieses Bedürfnis zu bekämpfen. Man kann es nicht besiegen, es wird nie weg sein, aber man kann es unterdrücken, hoffentlich. Denn wenn nicht, geht alles kaputt. Auch in meiner jetzigen Beziehung hat es eine entsprechende Krise gegeben. Ich hatte da eine alte Freundin wiedergetroffen, meine neue Freundin kam dahinter, dann hat sie mich auch betrogen aus Zorn oder Rache... Das geht nie gut aus. Ich glaube nicht, daß eine offene Ehe klappen kann. Das geht nicht, daß man einfach akzeptiert, daß der andere auch noch andere Liebhaber haben kann.

Ob Männer sich vor Nähe fürchten, wie viele Frauen vermuten? Nein, glaube ich nicht. Männer sind doch ständig intim mit Frauen, und näher geht's wohl gar nicht. Oder: Was könnte näher sein, als wenn man gemeinsam ein Kind hat? Ich glaube umgekehrt, daß Männer die Nähe zu Frauen ganz angestrengt suchen und brauchen. Wir suchen in der körperlichen Nähe zu Frauen das, was wir als Kinder verloren haben: diese herrliche Nähe zur Mutter. In dieser Erinnerung, an die körperliche Nähe zur Mutter, liegt eine unheimliche Kraft.

Aber irgendwie bringen wir es nicht fertig, später die richtige Partnerin zu finden und uns dann auch für sie zu entscheiden... Wir können natürlich versuchen, uns selbst zu belügen, wir können sagen, nein, nein, wir stehen über den Dingen, wir haben unseren animalischen Anteil hinter uns gelassen. Aber das wird nicht wahr sein. Irgendwann ist er wieder da.

Meine Freundin ist nach Toronto gefahren. Meine Meinung dazu ist, daß es vorteilhaft für sie sein wird, wenn sie für sich selber ein paar offene Fragen klärt. Ich klinge jetzt vielleicht sehr distanziert, ich weiß schon, aber das muß ich ja auch sein. Schließlich kann diese Trennung auch das Ende der Beziehung bedeuten. Ich glaube aber, daß unsere Beziehung Zukunft hat. Allerdings ist es mir sehr wichtig, daß meine Partnerin unabhängig ist. Ich will eine Person, die selbständig ist, auch geistig, und die etwas *tut*. Vielleicht deshalb, weil meine Mutter so war und ich mit diesem Bild aufgewachsen bin.

Aber ich glaube auch ganz objektiv, daß das besser ist. Ich kenne doch Paare, wo die Frau vom Mann abhängig ist. Dann trennen sie sich, und wie steht diese Frau dann da? Ich habe Sandra den Auftrag erteilt – scherzhaft, aber vielleicht war es doch auch ernst gemeint –, in Kanada fleißig zu sein und nicht bloß mit ihren Freundinnen in Lokalen herumzusitzen. Sie soll schauen, ob sie dort Arbeit findet oder ob sie eine andere berufliche Richtung für sich identifiziert oder ob sie ihr Studium abschließt. Sie kann auch einen Plan fassen, der in München realisiert wird, das wäre natürlich noch besser. Aber irgendeinen Plan muß sie haben.

War sie hier von mir abhängig? Ja. Weil ich das zugelassen habe. Ich glaube nicht, daß sie es wollte oder gesucht hat, als wir uns kennengelernt haben, das muß ich ehrlich sagen. Warum ich es dann angeboten habe? Eine gute Frage. Es fallen mir dazu nur oberflächliche Antworten ein: weil ich mich hier besser auskenne, weil sie nicht so gut Deutsch spricht, weil ich mehr Geld hatte. Aber es war garantiert mehr dahinter, sonst hätte es mich nicht so gestört. Wenn es bloß diese objektiven Umstände gewesen wären, hätte es mich nicht gestört. Aber ich bekam zunehmend das Gefühl, daß ich sie aufwühlen muß, daß ich sie motivieren muß, weil sie sonst abhängig und immer weniger aktiv wird.

Wie das für mich ist, wenn eine Beziehung zu Ende geht? Anfangs war es sehr schmerzhaft. Es ist schwer sich einzugestehen, daß eine Beziehung vorbei ist. Ich bin auch nicht gerne derjenige, der den Schlußstrich zieht. Ich bin lieber der passive Teil, das scheinbare Opfer, als derjenige, der Schluß macht.

Bei meiner ersten Trennung habe ich echt gelitten. Später war ich dann selbst ganz erstaunt zu sehen, daß ich eine sehr große Distanziertheit, vielleicht sogar Grausamkeit entwickelt hatte. Ich tat dann so, als ob eine geschäftliche Transaktion zu Ende war. Ich war sehr gelassen, sehr beiläufig. Oh, es klappt nicht? Dann machen wir besser Schluß.

Ob ich es so besser finde? Nein. Es erinnert mich an die

Leute, mit denen ich beruflich zu tun habe, und selbst dort hasse ich diese lässige Gleichgültigkeit. Es kommt mir nicht richtig vor, daß etwas, das mit viel Emotion angefangen hat, so emotionslos zu Ende gehen soll.

Aber Sie haben natürlich recht, das muß wohl an mir selber liegen, wenn ich jetzt in dieser Weise mit Trennungen umgehe. Es ist wohl eine Wahl, die ich getroffen habe.

Meine letzte Freundin war, wie ich schon sagte, ganz anders als meine jetzige. Sie war Spanierin, sehr aggressiv, fast extrem. Ich war passiv, wobei auch das eine aggressive Note hatte, weil ich sie dadurch zwang, ganz viel Kraft, ganz viel Muskeln in die Sache zu investieren. Ich erzähle meinen Freunden gern von dieser Beziehung. Ich erzähle ihnen, was diese Frau alles angestellt hat, um mich zu kriegen. Sie war sehr manipulativ. Sie wollte, daß wir zusammenleben. Sie wollte das erzwingen, und ich habe sie gewähren lassen; ich habe mit ihr gespielt. Es war erst dann vorüber, als sie irgendwann erschöpft war und aufgegeben hat.

Mit dem Begriff der Männlichkeit kann ich nicht viel anfangen. Sicher, ich bin ein Mann, aber das spielt für mich keine sehr große Rolle. Ich identifiziere mich nicht mit diesem Wort, Männlichkeit. Ein Macho ist für mich etwas sehr Komisches. Ich lebe hier in einem ausländischen Viertel, und das sind ja oft Männer mit einem sehr ausgeprägten Macho-Gehabe. Ich finde das sehr lustig, wie sie sich anziehen, ihre Körpersprache, die Frauen, die sie anschleppen, um ihren Freunden zu imponieren.«

Johns Sätze sprechen die Gedanken und Erfahrungen sehr vieler Männer aus, aber er ist vor allem in einem typisch: in seiner heillosen Verwirrung, was die Frage der Männlichkeit anbelangt. Gibt es eine männliche Identität? Sind Männer irgendwie ganz grundlegend anders als Frauen? Diese Fragen beantwortet John manchmal mit Ja, manchmal mit Nein, beides mit derselben festen Überzeugung.

Die Passage über Machos, die eher beiläufig am Ende des Gesprächs kam und nichts mit unserem Interview zu tun hatte, sondern zu Johns Beschreibung seiner Wohnnachbarschaft gehörte, haben wir vor allem deshalb dazugenommen, weil sie die innere Brüchigkeit seiner Geschlechtsdefinition besonders deutlich macht. Machos findet John einfach lächerlich, mit ihrem ganzen Gehabe und Getue. Gleichzeitig glaubt er fest an eine »animalische« Männlichkeit, die der Mann selber gar nicht kontrollieren kann. Er mag noch so intelligent, noch so rational und noch so kontrolliert sein, irgendwann kommt der Teil in ihm zum Vorschein, der ein »Weib« braucht, der sinnlos sexuell »akquirieren« muß, der destruktiv und selbstdestruktiv eine gute Beziehung oder Ehe kaputtmacht oder sogar sein ganzes Lebensgebäude zu Fall bringt wegen irgendwelcher sexueller Abenteuer.

Kann ein Mann, laut John, seine sexuellen Triebe niemals wirklich beherrschen, sondern nur unterdrücken, so verhält es sich bei den Emotionen, John zufolge, anders. Auch hier denkt John extrem widersprüchlich und findet zu keiner schlüssigen Sichtweise. Er gibt vor, selbst überrascht worden zu sein von der »Kälte« und Sachlichkeit, mit der er Beziehungen beenden kann – so, als ob diese Haltung von ganz woanders kommt und mit ihm selber nur wenig zu tun hat. Dieser emotionalen Pragmatik steht er kritisch gegenüber, wie er sagt; er findet sie schlecht, unangemessen, unmenschlich. Frauen unterstellt er eine reichere emotionale Erlebniswelt.

Rätselhaft wirken dann aber die Passagen, in denen es um seine vorletzte Freundin geht; hier kommt ein Impuls zum Vorschein, den wir nur als emotionalen Sadismus beschreiben können. Er »spielt« mit dieser Frau und unterhält auch noch seine Freunde mit den Erzählungen über ihre verzweifelten Versuche, seine Liebe zu gewinnen. Bei diesem Gesprächsabschnitt klingt und wirkt John ganz anders als sonst; er verliert seine freundliche, intellektuelle Art und klingt boshaft. Er beschreibt die Frau als »aggressiv«. Er schreibt ihr eine extreme

»Weiblichkeit« im Sinn einer extremen Emotionalität zu, aber gleichzeitig hat sie in seiner Erzählung sehr männliche Attribute. Sie hat »Muskeln« und wendet »Kraft« gegen ihn an, um ihn in ihre Vorstellung von Beziehung hineinzuzwingen. Sich selber beschreibt er als »passiv«, aber gleichzeitig ist er eindeutig Herr der Lage.

Johns mehrfache literarische Bezugnahmen zeigen, daß er sich auch »philosophisch« mit der Frage seiner sexuellen und emotionalen Identität auseinandersetzt. In anderen Zusammenhängen bestreitet er, daß es so etwas überhaupt gibt, und postuliert eine weitgehende Gleichheit und Gleichartigkeit zwischen Männern und Frauen.

Damit ist er ein typischer desorientierter Mann der 90er Jahre, ein verworrenes Sammelsurium von sexuellen Gemeinplätzen, uralten Klischees, maskulinen Legenden, die er teils ablehnend, teils geschmeichelt zur Kenntnis nimmt. »Animalisch« zu sein hat für ihn zum Beispiel durchaus seine reizvolle, schmeichelhafte Seite; es zeugt von Leidenschaftlichkeit und Kraft. Das ganze verworrene Philosophiegebäude ist dann garniert mit den neueren Ideen von Gleichheit, Gleichberechtigung und dem aufrichtigen Wunsch nach Liebe und Partnerschaft.

Warum hat er Sandra, die bisher größte Liebe seines Lebens, weggeschickt? Teilweise aus einsichtigen Gründen – bestimmt ist es längerfristig schädlich für ihr Zusammenleben, wenn sie sich in München nur schlecht zurechtfindet, finanziell von ihm abhängig ist und seinetwegen ihre Berufspläne einfach an den Nagel hängt.

Nicht unrecht hat John auch, wenn er in dieser allzu großen Bereitschaft der Frauen, ihren bisherigen Elan und Ehrgeiz abzulegen, sobald sie sich verlieben, einen verhängnisvollen Fehler sieht. Es ist auch ein Freundschaftsdienst, wenn er das bei Sandra nicht zuläßt, sondern sie immer wieder motiviert und zur Selbständigkeit mahnt. Und er ist intelligent und ehrlich genug, um seinen Schuldanteil zu erkennen: Sandra sucht nicht die Abhängigkeit, sondern er bietet sie an, und gemeinsam schlittern sie dann in ein altes Rollenklischee.

Unstimmig wird die Sache dann im Detail. Zwei Jahre sind Sandra und John zusammen, und er »träumt« davon, daß es eine Beziehung für immer, bis ans Lebensende sein könnte; wobei er verräterisch ins Stottern gerät und den Gedanken einer bleibenden, verbindlichen Beziehung »für immer« nur unter Schwierigkeiten über die Lippen bringt. Seine dramatische Formulierung verrät, daß nicht nur »die Männer« ganz allgemein, sondern John im speziellen sich mit dem Tod auseinandersetzt und diesbezüglich die Monogamie fürchtet. Die Entscheidung für eine bestimmte »lebenslange« Partnerin kann dann wie ein Verzicht auf Leben, auf Erleben, erscheinen, die Geburt eines Kindes nicht wie eine Affirmation des Lebens, sondern wie die Ankunft des Nachfolgers, der die eigene Sterblichkeit unterstreicht.

John hat, wie er sagt, »Angst« vor der Ehe. Diese Angst belastet erheblich seinen »Traum«, mit Sandra zusammenzubleiben, denn der Rechtsstatus und die Verbindlichkeit einer Ehe würden sowohl ihre Berufsaussichten als vermutlich ihre Integrationsbereitschaft in Deutschland bedeutend erhöhen. Wie hingegen soll die Beziehung Zukunft haben, wenn Sandra im fernen Toronto einen Job annimmt, und welchen »Plan« soll sie fassen, der in München realisiert werden könnte, solange sie hier nicht berufstätig sein kann?

Das alles läßt den Verdacht aufkommen, daß es gerade die vielfache Distanziertheit Sandras war, die sie für John so attraktiv machte. Er lernt sie kennen als reservierte Person, die etwas kalt wirkt und sich hinter einem Panzer verbirgt. Sie ist Ausländerin mit einer befristeten Aufenthaltsgenehmigung zu Studienzwecken, mit nur geringen Chancen, in Deutschland zu bleiben und Fuß zu fassen. Schließlich schickt er sie weg, und im Interview redet er von der Beziehung in der Vergangenheit; um trotzdem zu behaupten, daß Sandra die Frau seines Lebens ist.

Richtig spannend, und richtig deprimierend, wird die Sache dann, wenn John über Männlichkeit spricht.

Es ist ein ziemlich überraschendes Erlebnis, wenn ein junger, moderner Mann über die alten Klischees von Männlichkeit doziert, als seien sie die ofenfrischen Ergebnisse seines tiefen Nachdenkens und seiner Lebenserfahrung. Noch dazu wirkte John dabei sehr ehrlich; es war nicht seine Intention, Kritik abzuwehren mit Gemeinplätzen über männliche Triebhaftigkeit, sondern er gab wieder, womit er selbst sich beschäftigt. »Nähe« definiert er technisch, so daß er unsere Frage, ob Männer die Nähe zu Frauen meiden, zunächst gar nicht versteht: Sie schlafen doch dauernd mit Frauen, Körper an Körper... Wieviel näher kann man sich denn noch kommen?

Trotzdem wird er das Gefühl nicht los, daß ihm etwas fehlt. Die alte Option, frei zu bleiben, will er behalten; den Preis dafür, nämlich eine permanente innere Distanz zur Partnerin, kann er nicht mehr so ganz unbeschwert akzeptieren. Die Möglichkeit, Frauen als »Weiber« zu betrachten und zu konsumieren, erhaben zu bleiben über ihre Trennungsschmerzen und Liebeswünsche, will John nicht aufgeben. Gleichzeitig identifiziert er diese Haltung, das Macho-Gehabe, als ziemlich dämlich und selbstdestruktiv.

Richard – der Beamte und die Spanierin

Richard ist Beamter bei der Finanzbehörde. Auch wer das nicht wüßte, könnte es erraten: Wenn ein Komiker in einem Sketch einen Beamten zu spielen hätte, er würde sich bemühen, ganz genau so auszusehen wie Richard.

Auch biographisch entspricht Richard seinem Stereotyp. Als einziges Kind braver Mittelschichteltern war auch Richard brav, immer brav. Er wuchs auf zwischen Schrankwand und Kuckucksuhr und verbrachte seine Sommerwochenenden im kleinen Schrebergartenhäuschen, wo seine Mutter seinem Vater schöne Jausen servierte und Richard manchmal, aber nur, wenn es wirklich ganz bestimmt warm genug war und er sich nicht verkühlen konnte und er versprach, am seichten Ufer zu bleiben, im Teich baden ließ.

An der Uni studierte Richard Verwaltungskunde und begeisterte seine Lehrer durch die Nettigkeit seiner Arbeiten. Mit 21 zog Richard in eine kleine Wohnung, die einer Tante gehörte und die er mit einem braunen Versandhaussofa und einigen antiquarischen Möbeln einrichtete.

Beruflich nahm seine Karriere einen glatten Verlauf. Als verläßlicher Mitarbeiter, mitunter aber auch einfallsreicher Denker stieg er schnell auf, wobei die Tatsache, daß er immer etwas älter aussah als er war, vermutlich nur förderlich war. Schon mit 25 wirkte Richard gesetzt, seriös, mit dem leichten Anflug einer Glatze und dem pummeligen Körperbau eines Menschen, der für den Schreibtisch geboren ist.

Heute, mit 35, ist Richard der Stolz seiner Familie. Schon jetzt hat er eine verantwortungsvolle Leitungsaufgabe, er besitzt ein Eigenheim in einem schönen Vorort, und seine Töchter besuchen eine Privatschule und verlassen das Haus jeden Morgen in einer adretten, dunkelblauen Uniform.

Nur eines paßt nicht in dieses harmonische Bild. Navidad, die aufregende Spanierin, die ihm seit zehn Jahren das Herz schwermacht.

»Navidad ist meine Achillesferse«, sagt er über sie. »Navidad ist mein Laster. Andere rauchen und trinken, andere koksen, ich leiste mir statt dessen Navidad. Das ist wenigstens legal«, fügt er mit der für ihn typischen, sympathischen Selbstironie hinzu; natürlich, ein braver Beamter, auch noch in seinen heimlichen Lastern gesetzestreu.

Vor zwölf Jahren hat er Navidad kennengelernt, bei einem Kongreß in Sevilla. Richard hatte ein Referat zu halten, und sie war die Tochter des spanischen Amtskollegen, der ihn dort betreuen sollte.

»Ich hörte von ihr zuerst über die Klagen ihres Vaters. Wir haben uns gut verstanden, und er vertraute mir an, daß er viel Kummer hatte mit seiner schönen, aber undisziplinierten, frechen und richtungslosen Tochter. Am dritten Tag lud er mich nach Hause ein, zum Essen, und da war sie: Navidad. Zuerst saß sie trotzig da, redete eine Stunde lang kein einziges Wort, und plötzlich kam Leben in sie, sie fing an zu lachen und zu erzählen, und dann bot sie an, mir am nächsten Nachmittag die Stadt zu zeigen. Ihr Vater war einverstanden, weil er mich als langweiligen, verläßlichen Menschen einschätzte. Und ich wußte gleich, noch an diesem Abend: Das ist eine schreckliche Frau, die überhaupt nicht zu mir paßt, kindisch, launisch, selbstsüchtig. Und die will ich haben.«

Navidad ließ sich von Richard sehr viel über Deutschland erzählen. Sie wollte alles wissen über sein Leben dort: wo er wohnte, wie er lebte, wie seine Möbel aussahen, wo er einkaufen ging.

»Ich glaube, man kann sagen, daß sie nach einem gutverdienenden Mann suchte, der vorzugsweise in Deutschland oder Frankreich lebte. Später hat sie mir vorgeworfen, ich hätte übertrieben und mich falsch dargestellt und den Eindruck erweckt, ich sei viel wohlhabender, als es den Tatsachen entspricht. Ich glaube aber, daß sie gehört hat, was sie hören wollte. Sie hat einen Ehemann gesucht, sie wollte weg aus Spanien und bequem leben. Das hat sie nie verheimlicht.«

Richard versuchte, beamtenhaft, es als logisches und pragmatisches Geschäft zu sehen. Er war nicht schön genug, nicht aufregend genug, um Anspruch zu haben auf eine schöne und aufregende Frau wie Navidad. Wenn er sie dennoch wollte, mußte er etwas anderes dafür bieten: Geld, Sicherheit, Wohlstand. Geschäfte dieser Art zwischen Männern und Frauen sind Jahrtausende alt, aber für Richard war die Angelegenheit dennoch ein bißchen anders. Richard wollte nicht bloß eine Dekorationsfrau, ein Prestigeobjekt; er hatte sich in Navidad verliebt.

Die Werbephase zog sich über drei Jahre hin. Die ersten eineinhalb Jahre zierte sich Navidad extrem – es konnte ohne weiteres geschehen, daß Richard einen Wochenendflug nach Sevilla buchte und dann dort die ganze Zeit im Hotel herumsaß, weil Navidad beleidigt war über irgendein unbedachtes Wort in seinem letzten Brief und ihn nicht sehen wollte, nie mehr!

»Ihr Temperament gefiel mir«, seufzt Richard. Was ihm weniger gefiel war, daß sie auch sehr verletzend, sehr kalt sein konnte. Als sie zum ersten Mal seine Eltern besuchte, war es »eher eine Inventur als ein Besuch«. Sie besah die Wohnung und die Einrichtung kritisch und beschwerte sich später bitterlich darüber, daß seine Familie nicht so »reich« war, wie sie es sich vorgestellt hatte, daß man ihr nichts Wertvolles geschenkt und sie nicht elegant genug ausgeführt hatte.

Navidad machte nie einen Hehl daraus, daß sie Richard nur deswegen heiratete, weil sich kein besserer Bewerber gefunden hatte. Sie ließ sich dazu herab, ihn zu heiraten, und er sollte nie vergessen, daß er ihren Ansprüchen eigentlich nicht genügte. Ihre launischen Spiele setzten sich auch nach der Hochzeit fort. Anfangs fuhr sie jedesmal, wenn sie mit Richard Streit hatte, heim zu ihren Eltern und mußte mühselig dazu überredet werden, sich nach Deutschland zurückbringen zu lassen. Sexualität betrachtet sie auch heute, nach vielen Ehejahren, als Mittel der Belohnung und Bestrafung. Richards Sozialleben ist durch die Ehe schwer beeinträchtigt, denn sie lehnt die meisten seiner Freunde ab, hat durch unvermutete und unbegründete plötzliche Eifersuchtsszenen jedes Zusammenkommen mit Richards Arbeitskolleginnen unmöglich gemacht und weigert sich, Deutsch zu lernen.

Was hat sich Richard da eingebrockt? Auf der positiven Seite ist zu vermerken, daß er wenigstens nicht über Langeweile in der Ehe klagen kann. Er liebt seine schwierige Frau noch immer und hält es noch immer für einen persönlichen Erfolg, daß er eine so schöne und rassige Frau erbeutet hat. Bestimmt lebt er auch, durch sein Zusammensein mit Navidad, unterdrückte Seiten seiner eigenen Persönlichkeiten aus. Vielleicht wäre auch er gerne so unberechenbar, so ausfällig, so verletzend wie Navidad – wenn er aus seiner braven, wohlerzogenen Haut herauskönnte.

Doch Navidad gibt Richard auch etwas anderes, Konventionelleres: die Garantie, daß sie ihm nie zu nahe kommen wird. Und hierin ist Richard, bei aller Auffälligkeit seiner Partnerwahl, absolut typisch. Er hat sich eine Frau ausgesucht, mit der er nie zuviel Intimität, zuviel Vertrauen, zuviel Gefühlsaustausch erleben wird.

Vielleicht ist seine Ehe in einem Punkt sogar besser als die meisten: Er hat sich eine Partnerin gesucht, die zumindest in diesem Punkt mit ihm übereinstimmt. Seine Ehe wirkt mit den vielen Szenen dramatisch, aber dieses Drama beschränkt sich wohltuend auf die Oberfläche, dargebracht durch die mediterranen Gefühlsausbrüche einer oberflächlichen und launischen Partnerin.

Vielleicht kränkt es Richard, daß seine Frau ihn nicht liebt, aber andererseits hat er bei dieser Frau auch nichts anderes erwartet. In vielen, äußerlich »besseren« Ehen geht die Dramatik dagegen viel tiefer, weil weibliche Erwartungen ständig auf männliche Abwehr prallen.

Und Richard hat die Genugtuung, ein absolutes Männerstereotyp im Hause zu haben. Die berechnende Sexbombe, eine Zierde für ihren Besitzer, in ihrer Kaltherzigkeit nicht wirklich verletzend, weil man sie als Mensch nicht so ganz ernst nehmen muß... In einer Zeit, in der so viele Frauen jegliches Schema verweigern, besitzt Richard damit wirklich eine authentische Rarität.

Fernando – Söhne, die zu sehr geliebt werden

Fernando wird uns von zwei ganz verschiedenen Seiten als Interviewpartner gepriesen. Einmal, weil er ein »typischer südamerikanischer Macho« sei. Und dann noch, von ganz anderer Seite, weil er ein »typischer Softie« sei. Kann man denn gleichzeitig beides sein, oder hat einer seiner Freunde sich grundsätzlich in ihm geirrt?

Ethnisch ist Fernando Europäer; seine Eltern sind ungarische Juden, die gerade noch vor Hitler flüchten konnten und nach Südamerika emigrierten. Kulturell ist Fernando polyglott – aufgewachsen in Argentinien, als junger Mann emigriert nach Kanada und jetzt seßhaft in Deutschland.

Rein optisch ist man geneigt, eher der zweiten Beschreibung Glauben zu schenken und ihn als »Softie« einzustufen. Etwas pummelig, mit weichen braunen Teddybär-Augen und engelhaften schwarzen Ringellocken sieht Fernando lieb, ganz lieb aus. Seine Stimme ist weich, seine Sätze sind intelligent und humorvoll, und er kann sich gut in die Situation anderer Menschen hineindenken.

Fernando wirkt weich, aber das täuscht. In Wirklichkeit ist er ein ziemlicher Tyrann, sogar im Interview. »Schreiben Sie das auf!« befiehlt er, sobald man einen seiner kostbaren Gedankengänge nicht notieren möchte. Später dann, beim Abschreiben, müssen wir uns fluchend durch seitenlange Passagen seiner philosophischen Spekulationen durcharbeiten, um an die Essenz seiner Aussagen zu kommen.

Das Wesen seiner Tyrannei ist kindlich; er ist der liebe, aber auch der launische Sohn. Er ist sanft und fürsorglich zu uns, einfach weil wir Frauen sind; wir treffen uns mit ihm in seiner Wohnung, und er sorgt dafür, daß wir immer ein kaltes Getränk, einen bequemen Sessel, eine gute Schreibunterlage haben, schaut uns ganz liebevoll an und bringt beim zweiten Interviewtermin, in einem Kaffeehaus, sogar Blumen mit. Doch schnell verfinstert sich seine Miene, wenn wir seine Erwartungen nicht erfüllen: nicht sofort lachen, wenn er einen Scherz macht, auf eine gelungene Formulierung nicht sofort begeistert reagieren oder – entsetzlichstes Vergehen – nicht devot jedes Wort zu Papier bringen, das aus seinem Mund kommt.

Das Interview beginnt, wie immer, mit der Frage nach seiner Mutter. Auch wenn wir Abstriche wegen seines etwas dramatischen südamerikanischen Stils machen, ist Fernando bei dieser Frage unüblich ergiebig.

Das beginnt damit, daß Fernando offensichtlich außerstande ist, die Frage nach dem Wesen und der Persönlichkeit seiner Mutter überhaupt zu beantworten. Was für eine Person war seine Mutter? Auch auf mehrmaliges Nachfragen ist er nicht bereit oder nicht in der Lage, irgendwelche Eigenschaften dieser Frau zu beschreiben, sie als Mensch und Person mit Konturen zu versehen. Es fällt ihm zu ihr nur ein, daß und wie sehr sie ihm liebend ergeben war und immer noch ist. Und es ist schnell offenkundig, daß sein gesamtes Frauenbild hier seine Vorlage hat.

Fernando ist nicht altmodisch. Frauen dürfen jeden Beruf ausüben, er traut ihnen jede Art von Leistung zu, er schätzt ihre Intelligenz. Eine Frau darf alles tun, sein, denken – solange sie Fernando gleichzeitig liebend ergeben ist. Daß seine erste ernsthafte Freundin Therapeutin war, kann nicht Zufall sein. Leider hat auch sie sich nicht so intensiv um sein körperliches und geistiges Wohl gesorgt wie einst die Mama. Seither ist Fernando rastlos auf der Suche nach einer Frau, die ihr endlich entsprechen wird, bisher vergeblich.

»Wie ist meine Mutter? Ich liebe sie. Sie würde alles für mich tun. Sie würde auch für mich sterben. Für ihre anderen Kinder auch, ich denke schon. Aber besonders für mich. Weil ich ihr erstes Kind bin.

Als ich geboren wurde, war die Situation meiner Eltern

ziemlich negativ. Sie waren geflohen vor dem Faschismus in Deutschland, hatten in verschiedenen Ländern gelebt, sich schließlich in Südamerika niedergelassen, dort aber viele wirtschaftliche Probleme erlebt. Meine Mutter war darüber hinaus sehr einsam. Dann wurde ich geboren, und sie war nicht mehr allein. Sie hatte eine Aufgabe.

Sie ist der Mensch, der mich am meisten liebt. Es macht mich stolz, daß ich jemandem soviel bedeute. Sie unterstützt mich in allem, was ich tun will. Sie ist immer auf meiner Seite. Und ich verdiene ihre Liebe. Ich war ein guter Sohn, ich habe meine Mutter verstanden, was wohl das wichtigste ist. Wir haben eine ausgezeichnete Kommunikation, wir verstehen einander oft auch ohne Worte.

Die Ehe meiner Eltern war o.k. Anfangs gab es Geldprobleme, das belastet, aber später war es besser. Meine Mutter wäre bei meiner Geburt fast gestorben, das hat auch noch zur Enge unserer Beziehung beigetragen. Und ich war ein krankes Kind, ich habe viel Fürsorge gebraucht. Wenn eine Mutter bei der Geburt ihres ersten Sohnes fast stirbt, dann hat er für sie eine ganz besondere Bedeutung.

Wie meine Mutter ist? Das kann man nicht beantworten. Sie kann alles sein. Sie kann sehr stark und energisch sein, wenn sie an etwas glaubt. Sie war stark, wenn sie mich gegen meinen Vater verteidigte, wenn ich zum Beispiel eine schlechte Note hatte. Was nicht gerecht war, denn ich hatte die schlechte Note verdient und seinen Zorn auch.

Ich denke, daß ein Kind vielleicht nicht *so* sehr beschützt werden sollte. Ich denke, es hängt davon ab, wie tief der Graben ist. Wenn er mitteltief ist, würde ich das Kind hineinfallen lassen, damit es daraus etwas lernt über Gefahren und über die Welt. Wenn es sehr tief ist, kann man es nicht hineinfallen lassen. Meine Mutter hat mir oft Dinge gesagt, die nicht realistisch waren, um mich zu schützen. Es wäre ihr nicht möglich gewesen, mich fallen zu lassen, nicht einmal ein bißchen.

Ich lebe allein, seit ich 20 bin. Wie ich mit dem Alltag zurechtgekommen bin, als Junggeselle? Nun, in Peru hatte ich eine Putzfrau, natürlich. In Toronto hatte ich dann eine Freundin.

Diese Freundin? Es war eine wunderschöne Beziehung. Ich war emigriert nach Kanada, als Konditor. Das ist ein Beruf mit sehr tollen Aussichten, übrigens. Leider konnte ich dann nicht in Kanada bleiben, weil es dort zu kalt war. Jedenfalls hatte ich dort eine Wohnung, und diese Frau lebte 150 Meter davon entfernt, und wir lernten uns kennen durch Zufall, und es war eine wunderschöne Beziehung. Sie war Psychoanalytikerin. Sie war clever, intelligent, eine sehr kluge Frau.

Was sie an mir mochte? Ich denke, sie mochte mein Temperament, meine Spontaneität. Wenn sie kam, habe ich sie gepackt und umarmt und durch die Luft gewirbelt, und sie war eher ein britischer, kühler Typ, also hat ihr das gefallen.

Unsere Trennung hatte rein sachliche Gründe, ich konnte nicht in Kanada leben, und sie wollte nicht nach Argentinien. Anfangs haben wir ständig telefoniert, es hat ungefähr ein Jahr gedauert, bis wir uns mit der Trennung abgefunden haben. Wir wollten es beide nicht wahrhaben. Wir haben sehr darunter gelitten, ich mehr als sie. Warum? Ich glaube, sie war stärker.

Manchmal hat ihre Stärke mich erschreckt. Dann war es fast schon mehr wie eine Härte. Ein Erlebnis werde ich nie vergessen. Ich war krank, lag im Bett mit einer ganz schweren Grippe. Und was mich sehr schockiert hat, ihre Arbeit war ihr wichtiger als ich, zu einem Zeitpunkt, wo ich sie brauchte. Statt sich zwei Tage freizunehmen, um mich zu versorgen, ist sie einfach arbeiten gegangen. Ich bin dann ins Krankenhaus gegangen. Ich habe einfach die Ambulanz angerufen und habe mich im Krankenhaus in ein Bett gelegt, wo ich verpflegt werden konnte.

Ich habe ihr das verziehen, aber vergessen konnte ich es nicht.

In Auseinandersetzungen werde ich nie aggressiv. Ich glaube

nicht, daß sich Aggression lohnt, ich halte sie für eine Schwäche. Obwohl ich im Kopf sehr aggressiv sein kann. Ich bin 41, und ich habe noch nie jemandem etwas wirklich Böses angetan.

Es ist allerdings oft so, daß Frauen sich in mich verlieben und ich mich aber nicht in sie. Ich mag Frauen, ich behandle sie sehr gut, auch dann, wenn ich keine weiteren Absichten habe, und viele verstehen mich deshalb falsch. Ich habe mir vorgenommen, nun besser aufzupassen und nicht *zu* nett zu sein.

Da gab es nämlich eine Episode mit der Tochter eines Geschäftspartners. Sie kam zu Besuch, ich habe ihr die Stadt gezeigt und sie ein paarmal ausgeführt, und dann wollte sie mich heiraten. Obwohl ich sie nie auch nur geküßt hatte! Eigentlich stimmt mich das sehr traurig. Es zeigt mir, wie schlecht Frauen im allgemeinen behandelt werden. Wenn du ihnen Blumen bringst, wenn du ihnen zuhörst, denken sie schon, du mußt wohl in sie verliebt sein – denn von einem Mann, der nicht in sie verliebt ist, der nicht zumindest mit ihnen schlafen will, erwarten sie keine Nettigkeit. Das ist doch sehr traurig. Daher wird meine ganz normale Freundlichkeit schon als sexuelles Interesse interpretiert.

Allerdings kenne auch ich diesen männlichen Impuls, eine Frau erobern zu wollen. Die Herausforderung, eine Frau zu kriegen, die dich anfangs nicht will – das kenne ich auch. Mein Glück ist, daß ich mich durch Humor ganz gut verkaufen kann, obwohl ich nicht schön bin.«

Fernando ist das Musterprodukt einer problematischen Mutter-Sohn-Beziehung. Wenn seine Kritik auch sehr verschleiert ist, so ist ihm dies dennoch bewußt. Er weiß, daß er von seiner Mutter zu sehr in Schutz genommen, zu blind verteidigt wurde, und er kennt auch die Gründe: die schlechte Ehe seiner Eltern, die seine Mutter veranlaßte, sich nach einem anderen Liebesobjekt umzusehen. Und das Desinteresse seines Vaters, der seine Frau vernachlässigte und in der Erziehung seiner Kinder keine Rolle spielte und keine Rolle spielen wollte. Diese Kritik macht es Fernando aber noch nicht möglich, sich über die Prägung seines Frauenbildes hinwegzusetzen. Viel zu schmeichelhaft, viel zu angenehm war das, was er zu Hause erlebte: die totale, die restlose, die vollständige Liebe einer Frau. Dabei ist auch klar, daß Liebe für Fernando mit Dienstleistungen verbunden ist – die Gleichsetzung seiner Putzfrau und seiner Freundin ist vielsagend. Frauen haben für Fernando wenig Kontur; sie definieren sich nicht durch eigene Eigenschaften, sondern dadurch, ob sie Fernando genügend lieben. Seine Kriterien entstammen der frühesten Kindheit und sind unerfüllbar. Daß Fernando es als Verrat betrachtet, wenn seine beruflich vielbeschäftigte Freundin nicht daheimbleibt, um ihn zu pflegen, und sich mit einer ganz banalen Verkühlung selbst ins Krankenhaus einliefert, ist die Handlung eines 1,80 Meter großen Kleinkindes.

Daß Fernando einerseits bei Frauen gut ankommt, andererseits nie eine dauerhafte und haltbare Beziehung zustande bringt, liegt ebenfalls in seinem kindlichen Frauenbild begründet. Fernando hat gelernt, was Frauen emotional brauchen. Aber weil er das als Kind gelernt hat, hat er lediglich gelernt, wie ein männliches Kind ihnen das geben kann. Wäre die Ehe seiner Eltern gut gewesen, hätte er durch Beobachtung lernen können, wie ein erwachsener Mann und eine erwachsene Frau zusammenleben. Statt dessen ist sein einziges Vorbild für männlich-weibliche Liebe diejenige zwischen ihm selbst und seiner Mutter. In einer solchen Liebe ist es die (erwachsene) Frau, die behütet und versorgt, und der »Mann«/das männliche Kind, das dafür lieb und charmant ist und fürsorgliche Gesten macht, die nie mehr sein können als eine unverbindliche, reizende Parodie erwachsenen Männerverhaltens.

Die echte Partnerin

Das gesunde Wunschbild

*Ob stark, schwach oder fürsorglich,
eins ist allen Müttern gemeinsam; ihre grundlegende Zuneigung
gewähren sie ohne Wenn und Aber. Und das ist auch gut so.
Verhängnisvoll wird es erst dann, wenn der erwachsene Mann
diese Art der bedingungslosen Liebe von einer Frau
verlangt – die nicht seine Mutter ist.*

Zumindest in einem Punkt ist es den Männern gelungen, uns zu überraschen.

»Wie stellen Sie sich Ihre Traumfrau vor?« fragten wir und lehnten uns resigniert zurück in Erwartung einer phantastischen Komposition aus Hausfrau, Geisha und Verführerin, vielleicht mit einem Hauch von Unabhängigkeit und Karrierebewußtsein, um dem Ganzen mehr Würze zu geben. Doch die Antworten der Männer verblüfften uns. Was war es, was ihnen bei einer Frau auf Anhieb imponierte, ihnen bei der eigenen Frau besonders gefiel, ihnen bei der Partnerwahl besonders essentiell erschien? Das Aussehen, sicher. Aber gleich danach und noch im selben Atemzug wurden Eigenschaften genannt, die uns erstaunten.

Selbstbewußte Frauen, Frauen mit Standpunkten, Frauen, die streiten und sich wehren und Sachen einfordern, solche Frauen finden Männer beeindruckend und interessant. Und eigentlich wollen sie auch mit solchen Frauen zusammenleben. Sie begründen das damit, daß ein widersprechendes Gegenüber mehr Spaß macht als ein anschmiegsames kleines Nichts. Daß es gesünder ist, ein Korrektiv zu haben als eine geduckte Jasagerin. Daß alle engen Beziehungen – ob Partnerschaft, Freundschaft oder im Rahmen der beruflichen Zusammenarbeit – nicht nur Unterstützung und Übereinstimmung beinhalten sollten, sondern auch Ergänzung und Supervision. Gehe ich den richtigen Weg? Verhalte ich mich richtig?

Das alles artikulierten die Männer sehr eindringlich und ausführlich – was nicht heißen soll, daß sie dieser starken, kritischen, ehrlichen Frau dann nicht jahrelang das Leben zur Hölle machen in dem gnadenlosen Versuch, aus ihr doch noch ein anschmiegsames und gehorsames kleines Nichts zu machen.

»Meine erste Frau war sehr selbstbewußt, sehr stark von ihrer Persönlichkeit her«, erzählt der Angestellte Friedrich K. »Sie war sehr engagiert. Wir haben uns bei einem Vortrag kennengelernt, und mir gefiel, wie souverän sie ihren Standpunkt darstellte.«

Die Ehe endete mit einer Scheidung, was aber in Friedrichs Augen nicht mit einer grundsätzlichen Unvereinbarkeit zweier starker Persönlichkeiten, sondern mit »ganz anderen Umständen« zu tun hatte. Jedenfalls blieb er bei der Wahl seiner zweiten Frau dem Muster treu:

»Meine jetzige Frau hat ein total offenes Wesen, ist sehr kontaktfreudig. Sie bringt sich sehr stark ein und ist für sich als Person sehr massiv, einfach eine sehr ausgeprägte Persönlichkeit. Sie ist Pädagogin und lebt sich immer unheimlich stark in ihre Projekte hinein.«

Oder der Tischler, Hans. »Meine Frau kann sehr entgegenkommend sein«, sagt er. »Aber wenn ihr irgend etwas ungerecht vorkommt, dann kann sie sehr kämpferisch werden. Wenn sie sich zum Beispiel über etwas beklagt und das Gefühl hat, bei mir nicht durchzukommen, kann sie sehr heftig reagieren. Das ist ja auch gut so, daß sie es mir nicht zu einfach macht. Wenn sie mir gleich entgegenkommen würde, wäre das bloß gut für meine Bequemlichkeit.«

Tommy bevorzugt Partnerinnen, die ihn wachhalten. »Mit meiner Freundin kann ich mich angeregt unterhalten und zwar so, daß wir streiten und dabei auch etwas lernen. Man redet, und wenn man geredet hat, ist man ein bißchen anders geworden. Mein Beruf ist sehr einseitig, ich bin Referent für einen Politiker, ich komme den ganzen Tag mit Leuten zusammen, die zur selben Partei gehören und dieselben Meinungen haben. Ina sieht alles ganz anders, und das tut mir richtig gut.«

Jochen mag an seiner Freundin, die er in zwei Wochen heiraten wird, daß sie »selbständig ist. Da ist nicht dieses Anklammern wie in meiner ersten Ehe. Sie kann aber auch sehr gut an Sachen bohren, die mich treffen, wo ich mir denke, daß nur sie das kann. Sie kennt mich wirklich gut, sie durchschaut mich auch. Das zeigt, finde ich, eine echte Übereinstimmung. Daß sie oft eine Gegenposition bezieht, zeigt mir aber auch, daß sie mich nicht erdrückt, daß sie mich auch loslassen kann. In meiner ersten Ehe habe ich mich manchmal richtig gefesselt gefühlt.«

Peter schließlich suchte sich bewußt eine Partnerin, die »gute Ansätze hat, eine selbständige Frau zu sein. Ich habe relativ früh die Vorstellung entwickelt, daß die Frau, mit der ich länger zusammen bin, in der Lage sein muß, sich gegen mich zu wehren. Ich habe immer Negativerfahrungen mit Menschen gemacht, die mir gegenüber permanent nachgeben – diese Leute halte ich einfach nicht aus. Ich halte sie im Job nicht aus, und zu Hause halte ich sie schon gar nicht aus. Sie bringen meine schlechtesten Eigenschaften zum Vorschein. Ich bin egoistisch, das weiß ich; ich bin nicht einfühlsam. Ich mag Leute, die ihren Standpunkt selbstbewußt vertreten. Wenn sie dagegen nichts sagen und alles schlucken, sich bloß ärgern und dann irgendwann rotzig gegen mich reagieren, dann schlag' ich zurück, ohne nachzudenken, warum und wieso sie vielleicht böse sind. Ich mag Leute, die direkt sind, die sprechen und ihren Standpunkt vertreten. Und meine Frau soll auch so sein.«

Männer erwarten von ihren Partnerinnen Fürsorglichkeit und Verständnis, natürlich, aber sie wollen in der Frau auch ein Kontra finden, ein denkendes Gegenüber. Sie glauben, daß es letztendlich auch ihnen selber bessergehen wird, wenn die

Frau nicht von ihnen abhängig ist und von ihnen unterdrückt wird. Zumindest ist das ihre Theorie.

Und diese »Theorie« steht, biographisch gesehen, nicht im luftleeren Raum. Sie entstammt konkreten Beobachtungen, die von diesen Männern gemacht wurden: im eigenen Elternhaus. Und sie entstammt ebenso den konkreten Beobachtungen, die sie *nicht* machen konnten: im eigenen Elternhaus. Um es gleich vorwegzunehmen: Im Elternhaus können manche Söhne, wenn sie Glück haben, ein gesundes und vielschichtiges Frauenbild entwickeln, am Beispiel ihrer Mütter. Fast nie aber wird Söhnen eine gute und vielschichtige Partnerschaft vorgelebt. Denn die meisten erleben ihre Väter als lieblos und abwesend, sowohl seinen Kindern als auch der Ehefrau gegenüber.

»Wie war Ihre Mutter?« Diese Frage interessierte uns, natürlich, war auch sehr relevant, aber eigentlich planten wir sie als Eisbrecher. Jedes Interview fing so an, weil sich die Frage als Einstieg gut bewährte. Einerseits war man gleich am Kern des Themas, andererseits war die Frage, zumindest oberflächlich, für die meisten Männer leicht beantwortbar.

Was die Männer uns auf diese Frage antworteten, erwies sich in zweierlei Hinsicht als äußerst aufschlußreich und überraschend. Erstens revidierten sie, mit ihren Antworten, gängige Klischees über die Beziehung zwischen Müttern und Söhnen. Und zweitens wiesen sie einen beachtenswerten Ansatz für neue Perspektiven des Zusammenlebens auf.

Aber hören wir zuerst, wie Männer ihre Mütter beschrieben und bewerteten.

Frauen sind vielfältig, keine Frage. Aber so, wie Männer ihre Mütter beschrieben, ließen sich diese mühelos in drei allgemeine Kategorien fassen.

Da gab es zunächst einmal die *liebe, fürsorgliche Mutter*. Sie entsprach am ehesten dem überlieferten Mutterbild oder versuchte es zumindest. Als Kind, vor allem aber in Jugendjahren, erlebte man sie dann oft als überbehütend und beengend. Von ihrem Innenleben gab sie nicht viel preis, aber als Kind hatte man sie für zufrieden gehalten. Sie beklagte sich nicht wirklich über ihr Hausfrauenlos. Später aber, nach dem Erwachsenwerden der Kinder, bekam eine solche Frau oft große Schwierigkeiten und empfand eine große Leere. Rein objektiv meinten viele Männer daher, daß einer Frau von einem solchen Lebensweg eigentlich abzuraten sei (was sie nicht unbedingt daran hinderte, aus Bequemlichkeit der eigenen Ehefrau genau dieselbe Rolle zuzuteilen).

Dann gab es die Mutter, die als *schwach und unterdrückt* erlebt wurde. Mit ihr hatte das kindliche Herz gelitten und gefühlt, aber gleichzeitig erfuhr diese Frau oft eine erhebliche innere Ablehnung durch ihren Sohn. Ihre Schwäche stimmte ihn ambivalent. Sie konnte ihn nicht beschützen vor einem ablehnenden, mitunter aggressiven Vater. Sie konnte sich selbst nicht beschützen vor dem Ehemann. Sie appellierte an das Mitleid ihrer Kinder, wodurch diese sich unter Druck gesetzt und eingeschränkt fühlten; oft ein Leben lang. Dann versuchten sie zu entkommen und fühlten sich schuldig, weil ihre Mutter für sie ertragen und gelitten hatte und nun von ihnen verlassen wurde.

Die dritte Gruppe von Männern beschrieb eine *dynamische, lebenslustige Mutter,* die ihrem Beruf und ihren Interessen nachging. Mitunter war sie sogar das, was man als »Rabenmutter« bezeichnen würde. Sie hätte mancher Junge sich manchmal etwas häuslicher, ein bißchen angepaßter gewünscht. Aber insgesamt schätzten diese Männer sich außerordentlich glücklich: Ihre Mutter hatte ihnen erheblich mehr Freiheit gelassen, ihnen erheblich mehr geistige Anregung geboten als die konventionelleren Mütter ihrer Freunde. Auch als Erwachsene fanden diese Männer ihre Mütter noch ziemlich toll.

Jede dieser Mütter hat das spätere Frauenbild ihres Sohnes entscheidend beeinflußt. Die Art dieser Beeinflussung aber überraschte uns. Kinder sind selbstsüchtig; wir hätten erwartet, und die pädagogische Literatur stützte diese Erwartung, daß Kinder und vor allem Söhne die angepaßte und hingebungsvolle Mutter bevorzugen. Zu unserem Erstaunen aber schnitt die unkonventionelle Mutter eindeutig und mit Abstand am besten ab. Diese Mutter hinterließ bei ihren Söhnen das Idealbild der starken Frau. Doch auch schwache Mütter inspirierten ein solches Idealbild: weil die Söhne ihre unbefriedigende, traurige Kindheitsfamilie nicht reproduzieren wollten.

Dabei zeigte sich ein eklatanter Widerspruch. Männer, die eine starke und interessante Mutter gehabt hatten, wollten auch eine entsprechende Partnerin – und fanden meist tatsächlich eine solche Frau. Männer, deren Mutter schwach und vom Vater unterdrückt war, wollten ebenfalls eine starke Partnerin – weil sie das Muster ihres elterlichen Unglücks nicht wiederholen, sich selber nicht mit dem Part des häßlichen Unterdrückers identifizieren wollten und daher eine Frau suchten, die das nicht zulassen würde. Ihnen aber gelang es viel seltener, die Theorie auch in die Praxis umzusetzen.

Sehen wir uns die drei Muttertypen genauer an, um zu verstehen, wie sie und ihr Schicksal die spätere Beziehungsdynamik ihrer Söhne beeinflussen.

Die gute Mutter

Benjamins Mutter war zu Hause, bis ihr jüngstes Kind – und das war Benjamin – zwölf Jahre alt war. Der Vater war Verwaltungsdirektor bei der katholischen Kirche, und beide Eltern legten großen Wert auf eine konservative Häuslichkeit. Sein Vater betonte immer, wie unabdingbar es sei, daß eine Mutter mit den Kindern zu Hause bleibe. Doch als Benjamin »aus dem Gröbsten heraus« war, forcierte er plötzlich den beruflichen Wiedereinstieg seiner Frau.

»Später hat sich herausgestellt, daß er zu der Zeit schon vorgehabt hat, sich von ihr zu trennen, und auch schon jahrelang ein Verhältnis hatte mit der Frau, die er später heiratete. Er hat meine Mutter dazu gebracht, daß sie arbeiten ging, sie hat nicht gewußt, warum, und erst später hat sich herausgestellt, was er damit bezweckte. Er wollte sie wirtschaftlich selbständig machen, damit er sie verlassen kann, damit er sie nicht unterstützen muß.«

Benjamin erlebte seine Mutter sehr eindeutig als Betrogene. Nicht nur im engeren Sinne, durch die Untreue und Hinterlistigkeit seines Vaters, sondern vor allem durch die Lebenslüge, als die seine Kindheit sich rückblickend herausstellte.

»Meine Mutter war in der Ehe auch nicht glücklich. Aber sie hat diesen Satz ernst genommen, das mit dem ›im Guten und im Schlechten‹, und hat durchgehalten. Sie hat im Grunde immer verzichtet. Allein die Abende: Die verbrachte sie mit uns, mit zahnenden Babies und mit unseren Hausaufgaben und sonstigem Zeugs, während mein Vater heimkam und sofort ins zweite Wohnzimmer auf dem Dachboden verschwand, um in Ruhe zu lesen. Meine Mutter hat sich geopfert für die Familie, und am Schluß hat sich die Familie einfach aufgelöst. Im nachhinein hat sie es bitter bedauert, daß sie sich so zurückgenommen hat. Sie ist auf übelste Weise sitzengelassen worden und hat das bis heute nicht verkraftet.«

Nicht zufällig hat Benjamin für sich selbst eine Frau gewählt, die er als »sehr selbstbewußt« bezeichnet. »Wir machen viel zusammen«, erzählt er. »Ein Problem war, daß wir daneben jeder für sich auch noch eine ganze Reihe von Interessen haben, die wir aber zurückgenommen haben im Namen der Gemeinsamkeit. Mir schwebte immer als Schreckensbild diese Erinnerung an die zwei Wohnzimmer vor Augen, in dem einen Wohnzimmer wir Kinder und unsere Mutter, im anderen unser Vater. Ich versuche jetzt, mich von diesem Bild freizumachen, denn für meine Ehe trifft das wirklich nicht zu.«

Die aufopfernde Mutter kann als jemand erscheinen, der selbst zuwenig Profil, zuwenig Rückgrat besitzt. Toni merkt an, daß seine Mutter »immer alles akzeptiert hat, um die Harmonie in der Familie zu erhalten, und auch weiterhin alles akzeptieren wird. Diese Einstellung meiner Mutter hat mich eher gestört. Ich habe mir von ihr gewünscht, daß sie eindeutig Farbe bekennt, weil sie hing immer zwischen den Stühlen, hat immer versucht, es allen recht zu machen und sie hat daher nach allen Seiten schön Wetter gemacht, aber nie eine eindeutige Position bezogen. Das wäre mir aber lieber gewesen.«

Viele Männer erkennen akkurat die Gegenseite des weiblichen Zuvorkommens. An ihren Müttern sehen sie, daß die nützliche, häusliche Frau nicht nur einen Preis bezahlt für ihre Lebensentscheidung, sondern auch ihrerseits etwas dafür einfordert. Zum Preis, den man für eine dienstbare Mutter bezahlen muß, gehören Schuldgefühle. Für die Familie hat sie all das geopfert oder hintangestellt, was sie sonst aus ihrem Leben hätte machen können. Ausgesprochen oder unausgesprochen steht diese Tatsache als Vorwurf im Raum, wenn nicht schon von Anfang an, dann spätestens nach dem Erwachsenwerden der Kinder. Je netter die Mutter war, desto größer die Schuldgefühle, denn nun sitzt diese nette Person ohne Lebensinhalt da: deinetwegen. So ergeht es zum Beispiel Hermann:

»Ich wollte eigentlich schon vor ein paar Jahren ausziehen, aber meine Mutter hat das ziemlich sabotiert. Nicht offen, aber sie hat ihre Angst gezeigt. Mein älterer Bruder war schon weg, und sie hat jetzt Angst davor, allein gelassen zu werden – mit meinem Vater allein gelassen, denn die Ehe ist ziemlich schlecht. Meine Mutter war früher Verkäuferin. Als wir dann geboren wurden, hat sie sich von meinem Vater überreden lassen, ihren Beruf aufzugeben. Jetzt sitzt sie zu Hause, und keiner ist da. Sie ist den ganzen Tag alleine.«

Auch dort, wo die Mütter glücklich waren oder glücklich schienen mit ihrem Hausfrauenleben, bewerten ihre Söhne diesen Lebensweg eher negativ. Sie erkennen das enorme Risiko, das ihre Mutter einging, sehen, wie abhängig sie sich machte von ihrem Mann. Der Mann mußte fair bleiben, die Kinder mußten nett sein: Dann ging ihre Rechnung auf. Eine sehr fragile Rechnung, die anderen Menschen sehr viel abverlangt.

Die schwache Mutter

Harri U. erinnert sich an eine Mutter, die von einem alkoholkranken Vater gequält und geschlagen wurde und diese Schläge an die Kinder weitergab. Harri beschreibt sehr gut die Verwirrungen, die sich für ein Kind in einer solchen Situation ergeben, und weiß noch genau, wie er sich dabei fühlte: Er liebte und bedauerte die Mutter, weil sie vom Vater mißhandelt wurde, zugleich haßte er sie, weil sie ihn ihrerseits mißhandelte; und er wußte nicht, mit wem er sich identifizieren und wen er ablehnen sollte. Der Vater war sein männliches Vorbild, aber so wie sein Vater wollte er nicht sein. Er liebte die Mutter, aber sie behandelte ihn ebenfalls schlecht und machte ihm angst. Er wußte sich als zukünftiger »starker« Mann, erlebte sich aber täglich als kleines, ängstliches Kind.

Harri faßt das alles gut zusammen:
»Ich hatte eine sehr schmerzvolle Kindheit mit meiner Mutter. Ich bin viel von ihr verprügelt worden, und sie hat mir auch vieles aufgezwungen, was ich nicht wollte. Sie wurde ihrerseits von meinem Vater geschlagen, und sie hat sich ihm sehr unterworfen. Dieser Punkt macht mich regelrecht wütend, diese Unterwerfung ihm gegenüber und gleichzeitig mir gegenüber der emotionale Rückzug. Ich hätte viel mehr Nähe gebraucht, habe es aber nicht gewagt, sie bei ihr zu suchen, weil ich immer Angst hatte, ich bekomme wieder Schläge.

Heute frage ich mich, ob hinter ihrer Unterwürfigkeit nicht auch viel Stärke verborgen war. Sie hat sich kleingemacht, aber in Wirklichkeit war sie wohl eine sehr starke Frau. Sie hat gearbeitet, uns erhalten, sie hatte einen Bürojob, und daneben hat sie noch geputzt, und uns drei Kinder hat sie auch gehabt. Andrerseits aber hat sie sich nicht gewehrt. Ich habe schon als kleines Kind zusehen müssen, wenn mein Vater sie geschlagen hat; sie hat es über sich ergehen lassen, hat sehr viel geweint, aber sich nicht wirklich freimachen können.«

Harri sieht sehr deutlich, daß sein Frauenbild und seine Erwartungen von diesem kindlichen Erleben geprägt wurden. »Heute spüre ich eine riesige Wut gegen Frauen, die sich auch so kleinmachen... Umgekehrt habe ich eine große Bewunderung und Respekt für Frauen, die sich stark bewegen, die selbstbewußt auftreten, die sich nichts gefallen lassen. Ich finde es sehr schön, mit solchen Frauen zusammenzusein und zu sehen, daß sie es anders machen. Ich kann mir das gar nicht anders vorstellen, als mit einer Frau zusammenzuleben, die selbstbewußt und stark ist.«

Harri ortet in dieser Beschreibung sehr präzise die Bruchstelle seines Männer- und Frauenbildes (und damit auch seines Selbstbildes). Stärke, Schwäche, Gewalt, Nähe – die Zustände in seinem Elternhaus haben diese Fixpunkte des Verhaltens verzerrt und ihm damit seine Grundorientierung genommen. Die schwache Mutter versprach Nähe, übte aber Gewalt aus. Der starke Vater schenkte keinen Halt, sondern war bedrohlich, aber zugleich krank und gestört, damit also schwach. Für ein Kind steht fest: Nichts ist, wie es scheint, und alles ist gefährlich.

Die starke Mutter

Interessanterweise ist das, was Männer biographisch als eine »gute Mutter« beschreiben, das heißt eine Mutter, die ihnen in guter Erinnerung bleibt und zu der sie auch später noch einen lebhaften und innigen Kontakt haben, nicht unbedingt das, was allgemein unter einer »guten Mutter« verstanden wird.

Männer äußerten sich zwar anerkennend über Mütter, die zu Hause geblieben waren, die immer da waren, wenn sie aus der Schule kamen, die ihnen ein bequemes Heim und geregelte Mahlzeiten boten. Doch sie erinnerten sich auch daran, daß eine solche Mutter schnell auch lästig werden konnte. Sie mischte sich zu viel und zu schnell ein, war zu besorgt, vor allem aber ging es ihr häufig schlecht in ihrer Ehe und in ihrem späteren Leben. Dann fühlte man sich schuldig, weil man ihr Lebensinhalt gewesen war und sie nun ohne einen solchen zurückgelassen hatte. Da saß sie nun mit einem Vater, der nicht besonders nett zu ihr war, oder, schlimmer noch, ganz allein, weil auch der Vater sie mittlerweile verlassen hatte.

Demgegenüber schnitt die Mutter, die auch immer ihren eigenen Interessen nachgegangen war, insgesamt in der Erinnerung des Sohnes viel besser ab. Das ist sogar noch bei relativ extremen Beispielen der Fall, dort, wo wir als Außenstehende eine Mutter als ziemlich »unmütterlich« beurteilen würden.

Zum Beispiel bei Leo. Seine Eltern wurden geschieden, als er acht Jahre alt war, und da die Gesetzgebung damals noch das Schuldverständnis kannte, wurde seine Mutter als »Ehebrecherin« die Erziehungsberechtigung entzogen. Der tugendhafte Vater behielt die Kinder und heiratete bald darauf erneut, um ihnen auch wieder eine Mutter bieten zu können. Aber in diesem Zuhause, mit einem rigiden Vater und einer überangepaßten Stiefmutter, fühlte Leo sich nicht wohl. Mit 15 lief er von zu Hause weg, um bei seiner leiblichen Mutter zu bleiben, und nach einigen Querelen erklärte sich der Vater mit dieser Lösung einverstanden. »Es war schon in meinem Kopf das Klischee, ich geh' zur Mutti, und alles wird gut, aber so einfach war es dann natürlich nicht«, erinnert sich Leo heute. Seine Mutter hatte nach der Trennung ihr Medizinstudium wiederaufgenommen und war jetzt Ärztin an der Unfallklinik, ein äußerst zeit- und nervenintensiver Beruf. Statt umsorgt und verhätschelt zu werden, geriet Leo in die »furchtbare Hektik, die das Leben meiner Mutter bestimmte«. Dazu kam noch erschwerend eine komplizierte Liebesbeziehung, die seine Mutter mit einem Kollegen im Krankenhaus hatte, eine Beziehung, die Leo mit einer Mischung aus ödipaler Eifersucht und kameradschaftlicher Anteilnahme beobachtete.

»In dieser Zeit«, zieht er heute Bilanz, »habe ich zwar gelernt, was schwierig ist am Zusammenleben mit meiner Mutter, aber ich habe sie auch schätzen gelernt in dieser gemeinsamen Zeit. Sie kann nichts halb machen, und das finde ich irre, von dem habe ich ganz bestimmt auch profitiert. Diese unglaubliche Power an ihr hat mir imponiert. Sie hat alles immer ganz total gemacht, und nachdem ich bei ihr war, sollte auch ich in ihr Schema gepreßt werden. Mich hat sie mit derselben umfassenden Energie erziehen wollen, mit der sie sich auch an die Rettung ihrer Patienten machte. Ich mußte ihr genauso stark entgegentreten, mich mit ihr auseinandersetzen, und das hat unsere Beziehung sehr intensiv gemacht. Das können wir auch heute noch: über alles reden, über alles streiten.«

Es war erstaunlich, welche Lobeshymnen gerade auf Mütter gesungen wurden, die ganz und gar nicht dem konventionellen Bild der guten Mutter entsprachen. Nicht allein Hingabe, Opfer und Leiden sind offenbar die Ingredienzen einer guten Beziehung. Söhne liebten an ihren Müttern auch die Exzentrik, die starke Persönlichkeit, die Lebenslust.

»Meine Mutter ist ein richtiger Single«, faßt Richie zusammen. Er und sein Bruder wurden von ihr allein erzogen, der Vater hatte sich scheiden lassen, als Richie sieben Jahre alt war.

»Sie war unser Hauptgesprächspartner und wir ihrer. Unsere Beziehung ist vielleicht nicht innig in dem Sinne, daß sie uns betütelt hätte, aber sie war immer sehr intensiv. Wir hatten sehr an ihrem Leben teil. Sie ist eine starke Frau, aber sie ist nicht besonders streng. Wir konnten uns ziemlich viel herausnehmen. Wir mußten zu Hause mithelfen, aber wir waren auch sehr gleichberechtigt. Ich muß sagen, ich würde meine

Mutter auch heute nicht tauschen wollen gegen eine andere. Sie ist schwer in Ordnung.«

»Schwer in Ordnung« – dieses Güteprädikat vergeben manche Söhne an ihre Mütter, nicht aber an die Ehen und die Partner ihrer Mütter. Der Sohn lernt zu Hause vielleicht etwas über Frauen, aber er lernt nichts über Partnerschaftlichkeit, Vaterschaft, positive Männlichkeit.

Die erste »Frauenbeziehung« im Leben eines jungen Mannes führt dazu, daß Kriterien verinnerlicht werden. Der Frauentyp, den die Mutter darstellt, gefällt dem Sohn, wenn er zur Mutter eine gute Beziehung hat und das Gefühl hat, daß diese Mutter ihr Leben sinnvoll gestaltet. Wenn die Mutter unglücklich ist oder er sich mit ihr nicht verträgt, wird er ein kontrastierendes Idealbild von einer Frau entwerfen. Für den oben zitierten Richie war es wichtig, in seiner Mutter eine offene Gesprächspartnerin zu haben.

»Mir ist schon ein- oder zweimal passiert«, erzählt er, »daß ich mich verliebe, weil die Frau eben so faszinierend aussieht, so schön ist, und nach ein paar Wochen hat man sich aber nichts mehr zu sagen, und da ist nicht die Basis für eine längere Beziehung vorhanden. Eine Frau, mit der ich eine bleibende Beziehung haben kann? Das müßte eine sein, mit der ich mich auch in fünf oder zehn Jahren noch lebhaft unterhalten und bei Bedarf auch ausweinen kann, wenn ich nach Hause komme.«

Richies Formulierung faßt sehr genau das Gute an einem positiven Mutterbild zusammen – und zugleich auch das Verhängnisvolle. Viele Söhne erleben und beschreiben tolle Mütter. Schon sehr viel weniger Söhne erzählen hingegen, daß ihre Eltern eine tolle, nachahmungswürdige Ehe führten. Das heißt, daß die Söhne zwar ihre Mutter als Frau, aber nicht ihre Mutter als Partnerin »studieren« können und auch in dem Vater kein Vorbild für partnerschaftliches Verhalten haben.

Damit bleibt das Frauenbild dieser Männer in einigen wesentlichen Punkten einseitig und schief. Die spätere Partnerin mag ja der tollen Mutter ähnlich sein. Doch die Beziehung zu dieser späteren Partnerin kann nicht so sein wie die Beziehung eines Kindes zu seiner Mutter. In Ermangelung eines abgerundeten Vorbilds aber übertragen viele Männer präzise diese Vorlage auf ihr späteres Leben. Die beste, positivste Mann-Frau-Beziehung bei ihnen zu Hause war nicht die zwischen ihren Eltern, sondern die zwischen Mutter und Sohn. Daher transponieren sie nicht nur weibliche, sondern auch mütterliche Eigenschaften auf ihre spätere Wunschpartnerin – und das kann nicht gutgehen.

Verräterisch ist bei Richie schon die Formulierung, daß er sich bei seiner Partnerin nicht nur aussprechen, sondern auch »ausweinen« will. Das allein ist zwar legitim, ein menschliches Grundbedürfnis. Auffallend aber ist – vor allem in Kombination mit anderen Teilen aus seinem Interview – die tendenzielle Einseitigkeit seines Beziehungsbegriffes. Die Mutter hört sich die Sorgen des Sohnes an, tröstet ihn; vielleicht erzählt sie auch von eigenen Sorgen, aber in der Regel wird sie sich dabei ziemlich zurückhalten, um dem Kind nicht zuviel zuzumuten. Sie muß, um ihm Sicherheit zu geben, die Stärkere sein. Auch egalitäre und partnerschaftliche Mutter-Kind-Beziehungen sind immer von Einseitigkeit geprägt. Dazu gehört auch ein gesunder und notwendiger kindlicher Egoismus. Eine vernünftige Mutter weiß und akzeptiert das – sie weiß, daß ihre Beziehung zum Kind bei aller Liebe in gewisser Hinsicht einseitig bleiben muß, daß sie viel mehr geben muß, als sie zurückbekommt. Das ist in Ordnung – solange der Sohn diese Einseitigkeit nicht verinnerlicht als beständigen Bestandteil jeder Beziehung zwischen männlichen und weiblichen Menschen.

Um diesem Aspekt etwas näherzukommen, entwickelten wir für spätere Interviews eine Testfrage, auf deren Beantwortung die wir fast schon Wetten abschließen konnten.« Was, glauben Sie, hat Ihre Mutter von Ihnen erwartet?« fragten wir. Fast immer ernteten wir auf diese Frage zunächst einmal einen zutiefst erstaunten Blick. Die meisten Interviewpartner gaben dann zu, daß ihnen dieser Gedanke noch nie gekommen war. Richie zum Beispiel: »Was meine Mutter von mir erwartet hat...? Interessant. Ich habe noch nie darüber nachgedacht. *Direkt* von mir erwartet hat sie sich erst mal gar nichts, denke ich. Was heißt erwartet... Ich war nun mal eben da.«

In seiner Fassungslosigkeit über die Frage wird Richie zurückversetzt in seine kindliche Gedankenwelt. Man ist einfach da. Man hat eine Mutter, und diese Mutter liebt einen, tut Sachen für einen, hilft einem, verzeiht einem, leidet mit einem mit, bloß und einfach, weil man ihr Kind ist. Auch wenn sie Erwartungen hat, sind die auf einen selbst bezogen: Man soll brav sein, man soll gescheit sein, man soll gesund und glücklich sein, denn dann ist auch sie glücklich. Daß man für sie, in ihrem Lebenskonzept und in ihrem Selbstbild, eine Rolle spielt, daß alles nicht so selbstlos ist, wie es erscheint, ist für ein Kind noch nicht offensichtlich, ihm zumindest nicht bewußt.

Das ist normal – in der Beziehung zwischen einem Kind und seinen Eltern. Aber diese Egozentrik überträgt sich bei vielen Söhnen auch auf die spätere Partnerin. Das extreme emotionale Ungleichgewicht sehr vieler Beziehungen mag vielleicht hier seinen Ursprung haben. Was will diese erwachsene Partnerin von dieser Beziehung? Was braucht sie von mir? Welche Erwartungen hat sie? Sehr selten stießen wir auf Männer, die sich jemals diese Fragen gestellt hatten, geschweige denn sie auch beantworten konnten. Sie blickten mitunter genauso erstaunt und zögerten ebenso lange wie bei der Frage nach den Erwartungen ihrer Mütter.

Die Frau – einfühlsam, bereit, aus purer Liebe alles für den Mann zu tun und sich an seinem Wohlbefinden selbstlos zu freuen – so gut es sein mag, bei der Mutter auf diese Art von Liebe vertrauen zu können, so verhängnisvoll es ist, als Erwachsener von der Partnerin dasselbe zu erwarten.

Die hingebungsvolle Mutti
Über die neurotische Sehnsucht

Der bedingungslosen Liebe der Mutter steht die abweisende Strenge des Vaters gegenüber, dessen Zuneigung erst errungen werden muß. Eine unselige Konstellation. Nicht nur fällt der Vater als Erzieher, Freund, Berater aus und tradiert Unnahbarkeit und Gefühllosigkeit als Männertugenden. Seine häufige Abwesenheit macht es Söhnen (und Töchtern) unmöglich, das Vorbild einer harmonischen Eltern-Paar-Beziehung in ihr eigenes Leben hinüberzuretten.

Schon lange dämmert uns allen der Verdacht, daß die Vermischung von Weiblichkeit und Mütterlichkeit sich in den Köpfen von Männern verhängnisvoll bei ihren späteren Partnerschaftsbeziehungen auswirkt. Männer erwarten als Erwachsene von ihren erwachsenen Partnerinnen immer noch das, was ihre Mütter ihnen geben sollten: Fürsorge, Hingabe, Selbstlosigkeit, Unterstützung, grenzenloses Verständnis, bereitwillige Vergebung, Bedienung, Verwöhnung.

Und viele Männer interpretieren jede eigenständige Meinungsäußerung und jede widerstreitende Interessensbekundung ihrer Frau als etwas, wogegen sie bei ihren Müttern ankämpften: Bevormundung, Beaufsichtigung, Kontrolle.

Doch hier liegt wohl eine Verwechslung vor: Die Partnerin ist nicht die Mutter. Ihre Gefühle sind andere, ihre Liebe hat andere Motive.

Die kollektive Identifizierung von Männern mit einer fiktiven altgriechischen Tragödienfigur ist eines der großen psychologischen Rätsel unseres Zeitalters: Seit Ödipus hat kein Mann mehr seine Mutter geheiratet, aber die meisten Männer glauben, sie hätten es getan.

Igors Vater war Kleinunternehmer, seine Mutter Hausfrau. Daneben half sie auch im Geschäft aus und machte die Buchhaltung, ohne Bezahlung. Was die Ehe anbelangt, hat Igor seine Mutter »sehr eingeschüchtert« in Erinnerung.

»Als Kind habe ich es genossen, daß meine Mutter zu Hause

war«, sagt Igor. »Es war sehr schön, jemanden zu Hause zu haben, immer eine Anlaufstation zu haben. Zugleich hat mich die Fürsorglichkeit meiner Mutter genervt, weil sie sich immer Sorgen um mich gemacht hat. Mir wäre es oft lieber gewesen, ich hätte mich ein bißchen freier bewegen können. Als ich dann in die Pubertät kam, wurde es überhaupt sehr extrem. Wo ich auch hinging, was ich auch tat, war ich von den Sorgen meiner Mutter begleitet. Beim Sport, beim Ausgehen, immer lag das wie ein Schatten über mir – daß meine Mutter mit Kopfweh zu Hause wartete und sich Sorgen machte und erst Ruhe fand, wenn ich wieder wohlbehalten daheim saß.«

Vielleicht hat sie in solchen Erfahrungen ihren Ursprung, die Tatsache, daß Männer Liebe mit Erdrücktwerden gleichsetzen und in Frauen Menschen sehen, die sie ständig zurückreißen wollen in die sicheren, aber langweiligen häuslichen vier Wände. »Meine Mutter hat sich eigentlich *immer* Sorgen gemacht«, faßt Igor zusammen. Für ihn ist die Liebe von Frauen mit Kummer, Sorgen und Beaufsichtigung verknüpft.

»Frauen interessiert eigentlich nur eins«, knurrte einer unserer Interviewpartner irritiert und imitierte die Stimme seiner Freundin. »Wo gehst du hin, und wann kommst du wieder?«

Wo gehst du hin? Wann kommst du wieder? Normale Fragen, wenn man zusammenlebt. Es sei denn, man fühlt sich durch sie zeitlich zurückversetzt. Der Mann hört seine Mutter und fühlt sich verhört, beaufsichtigt, behütet.

Es ist beinahe Mode geworden, bei späteren Partnerschaftsproblemen von Männern die Schuld bei den Müttern zu suchen, aber diese Erklärung führt in die Irre. Nicht die Mutter hat schuld. Sie hat *mütterlich* gehandelt, und das war richtig. Sie hat entsprechend ihrer Persönlichkeit und ihren Lebensumständen gehandelt, und das ist menschlich verständlich. Fatal wird es erst, wenn erwachsene Männer das Verhalten ganz anderer Frauen, die zu ihnen in einem ganz anderen Verhältnis stehen, immer unter dem Aspekt der Mutter-Sohn-

Beziehung sehen. Und das tun sie nicht wegen ihrer Mutter – sondern *wegen ihres Vaters*. Sein seelischer Rückzug aus Familie und Erziehung hat ein Vakuum hinterlassen, das die Mutter füllt, so gut sie es kann. Sie leistet ihren Anteil, und noch mehr. Aber sie kann nicht das Unmögliche leisten. Sie kann nicht ganz allein vorleben, wie eine gute Beziehung zwischen zwei erwachsenen Menschen aussehen soll.

»Ich bin nicht deine Mutter« – wie oft wird wohl, im Verlauf eines Jahres, dieser Satz von genervten Frauen ausgestoßen! Dahinter aber verbirgt sich nicht nur eine infantile Tendenz ihres speziellen Allerliebsten, sondern eine ganz wesentliche Fehlentwicklung unserer Kultur: Von ihren Müttern werden Söhne geliebt und akzeptiert, aber auch versorgt und erzogen und damit auch beaufsichtigt und kontrolliert. Ihre Väter sind entweder nicht verfügbar, oder sie sind ablehnend. »Ich hatte nie das Gefühl, den Erwartungen meines Vaters gerecht zu werden.« »Ich war kein typischer Bub, deshalb konnte mein Vater mit mir nichts anfangen« – in fast jedem Interview kamen solche Sätze vor. Für die meisten jungen Männer ist die – tatsächliche oder vermeintliche – Enttäuschung ihres Vaters das erste Urteil über die eigene Männlichkeit, das sie wahrnehmen. Für die meisten ist Männlichkeit mit ihrem eigenen vermeintlichen Versagen gekoppelt. Manchmal entstand dieses Gefühl, weil der Vater extreme Leistungsanforderungen stellte und sehr kritisch war. Manchmal entstand es bloß, weil der Vater nie Zeit hatte und der Sohn daraus schloß, daß seine Gesellschaft für den Vater nicht reizvoll war.

»Ich bin keine richtige Frau.« »Andere Frauen nehmen mich nicht ernst.« Kaum jemals wird man einer Frau begegnen, die solche Gefühle oder Befürchtungen hegt. Viele Männer aber leben in der Vorstellung, irgendwelchen imaginären »gesamtmännlichen« Ansprüchen nicht zu genügen.

Der Wiener Scheidungsanwalt Manfred Lampelmeyer, der nach 25jähriger Berufserfahrung sehr viel darüber weiß, was im Zusammenleben von Männern und Frauen schiefgeht, sieht hierin eine Ursache für viele Konflikte. Männer, meint er, müßten endlich aufhören, »überall wie Gladiatoren in die Arena zu treten. Sie müssen endlich lernen, das Gefühl abzulegen, sie stünden dauernd auf dem Prüfstand.« Für ihn ist die gegenwärtige Männerbewegung bloß ein weiteres Indiz für mangelnde Selbstsicherheit. »Das ist auch wieder nur ein Zeichen für mangelnde Männlichkeit, wenn man sich zusammenrotten will, wenn man von sich selbst keine Kraft bezieht sondern es nur in der Horde kann.« Infolge seiner Unsicherheit sowieso schon unfähig, eine selbständige Persönlichkeit zu entwickeln und eine selbständige Partnerin zu ertragen, stürzt sich der Mann damit nur noch tiefer in archaische Scheinwelten.

Die Gleichgültigkeit oder Ablehnung durch den Vater, oder dessen charakterliche Bankrotterklärung als Erzieher, ist für viele Männer eine nachhaltige Enttäuschung. Kinder lernen durch Nachahmung. Faszinierende Untersuchungen haben zum Beispiel gezeigt, daß die Kinder taubstummer Eltern mit den Händen »plappern«, weil Kommunikation für sie über die Hände läuft. Man ist nicht lebenslang an das gebunden, was man in der Kindheit gelernt hat, aber man ist lebenslang davon geprägt. Um so unsinniger sind die Theorien, denen zufolge auch ein schlechter Vater, der mit der Mutter in einer schlechten Beziehung lebt, als Identifikationsfigur geeignet ist. Diese Theorien können wir getrost vernachlässigen. Denn von einer schlechten Beziehung kann man nur lernen, wie man eine schlechte Beziehung führt, von einer schlechten Ehe, wie man den Partner schlecht behandelt und unglücklich macht. Da ist es noch besser, man lernt zunächst einmal gar nichts und holt es später nach. Oder ist es vielleicht besser, das Einmaleins zunächst einmal falsch zu lernen, weil man dann wenigstens irgend etwas Mathematisches auswendig hersagen kann? Sicher nicht, denn das Verlernen von Falschem ist schwieriger als das verspätete Lernen von Richtigem.

Der Verkäufer Richard erzählt ein Beispiel, das die Verknüpfung dieses väterlichen Versagens mit den späteren Entwicklungs- und Beziehungsproblemen der Söhne deutlich macht. Richards Freundin hatte ihn verlassen. Er war darüber sehr traurig und fragte sich, warum schon wieder eine so hoffnungsvoll begonnene Beziehung mit viel Krach und Streit endete. Machte er etwas falsch? Er beschloß, mit seinem Vater darüber zu sprechen.

»Es war nicht leicht für mich, mich meinem Vater anzuvertrauen, aber ich hatte mir vorgenommen, endlich ein echtes Gespräch mit ihm zu führen. Sonst weinte ich mich immer bei meiner Mutter aus, aber diesmal wollte ich probieren, ob nicht bei einem Gespräch unter Männern etwas anderes herauskam. Ich gab mir einen Ruck, ging zu ihm und legte ihm ganz ausführlich und ganz ehrlich alles dar. Aus seinen Reaktionen konnte ich nichts ablesen, aber immerhin hörte er sich alles an. Dann sagte er: ›Richard, eines ist wichtig. Such dir eine Frau, die jünger ist als du, die schön ist und dir geistig ein bißchen unterlegen.‹ Das waren seine Worte an mich. Ich hab' zuerst geglaubt, ich hätte ihn nicht richtig verstanden oder er würde einen Witz machen. Dann fiel mir ein, daß er vor einigen Jahren eine Freundin gehabt hatte. Wahrscheinlich hat er an die gedacht. Sie war Sekretärin in seiner Firma, war jung, hübsch und hatte den Ruf, nicht sehr gescheit zu sein. Also hatte er das ernst gemeint. Diese Bemerkung spiegelte eine große Armseligkeit für mich wider. Es war das letzte Mal, daß ich mit ihm über sehr persönliche Dinge geredet habe.«

Demgegenüber war die Mutter für Richard die wesentlich brauchbarere Gesprächspartnerin. Von ihrer Mutter fühlen sich viele Männer sehr gut verstanden.

»Ein Mich-Kennen, im Sinne von darüber nachgedacht haben, trifft bei meiner Mutter sicher mehr zu als bei meinem Vater«, meint Fred.

Das ist gut, weil der Rat eines Menschen, der einen versteht und gut kennt, einfach wertvoller ist. Es ist aber auch schlecht, weil ein Gut-Kennen und Mitdenken in einer Eltern-Kind-Beziehung immer auch mit Kontrolle zu tun hat. Das Kind weiß sich durchleuchtet und durchschaut, und das ist ein beunruhigendes Gefühl.

Tim kann mit seiner »Mutter gut über meine Probleme reden. Ich bin jetzt 30 und komme eigentlich immer noch zu ihr, wenn es mir mal schlechtgeht.« Andererseits aber ist ein Gespräch mit ihr mitunter auch ärgerlich, denn »die Mutter kritisiert den Sohn natürlich auch immer in kritischen Situationen und zwar gerade dort, wo er seine Schwächen hat, denn die kennt die Mutter ja sehr gut und die werden dann aufgebauscht und auf dem Tisch ausgebreitet. In jüngster Zeit, als ich ihr die Geschichte mit meiner letzten Freundin erzählte, hat sie gesagt, daß es mir an Konsequenz mangelt. Sie hat gemeint, daß ich konsequenter sein müßte – womit sie total recht hat.«

Weil es *nur* die Mutter ist, die sich mit dem Seelenleben des Sohnes auseinandersetzt, geht dieses Mitdenken und Vorausdenken in das Weiblichkeitsbild des Sohnes ein, und das kann problematisch werden.

Der 25jährige Sozialpädagoge Joe beschreibt seine Mutter in dieser Hinsicht humorvoll. Sie war für ihn »ein Wecker mit Nachweckautomatik. Irgendwie ist das für unser Verhältnis zueinander, glaube ich, sehr typisch. Sie hat mich jeden Morgen geweckt, und dann – anstatt mich verschlafen zu lassen – hat sie mich immer wieder gerufen, bis ich endlich in die Vertikale kam. Ich finde, daß das sehr viel über sie aussagt, sie hat mir da keine Eigenständigkeit, keine Verantwortung überlassen. Mich verschlafen zu lassen, einmal oder zweimal, einfach nur aus erzieherischen Gründen, das hätte sie nie fertiggebracht.«

Zu dieser Mutter hat Joe heute einen sehr positiven Kontakt. »Sie hat mir neulich, als ich schon eine ganze Weile von zu Hause weg war, zu erkennen gegeben, daß sie mich viel besser kennt, als ich gedacht hätte, und das hat mir gefallen. Ich wohne jetzt am total entgegengesetzten Ende von Deutschland, und wir sehen uns nicht sehr oft, telefonieren aber viel. Einmal kamen meine Eltern mich besuchen. Wir sind mit Freunden an den See gegangen, meine Mutter und ich sind in so einem Schlauchboot herumgepaddelt, und dabei hatten wir einfach ein sehr gutes Gespräch. Bis dahin hatte ich gedacht, ich könnte meiner Mutter viel mehr vormachen. Ich hatte viel Ärger mit meinem Job, das hat sich auch gesundheitlich ausgewirkt, aber wenn ich mit meiner Mutter telefonierte, habe ich das immer überspielt. Und an diesem Nachmittag hat sie mir zu verstehen gegeben, daß sie das durchschaut und es ziemlich genau mitkriegt, wenn es mir schlechtgeht. Das hat mich einerseits gewundert, aber es hat mich auch irgendwie gefreut.«

So weit, so gut. Doch das kommunikative Fazit, das viele Männer daraus ziehen, kann sehr negative Folgen für die Partnerschaft haben. Der Vater, der Mann, fällt als Lebensberater aus. Er interessiert sich zuwenig und kennt einen nur oberflächlich. Die Mutter, die Frau, ist hingegen interessiert und involviert. Mitunter ist sie sehr, zu sehr involviert. Sie erträgt es nicht, daß man Fehler macht; sie ist ein Wecker mit Nachweckautomatik. Sie erkennt, ob man die Wahrheit sagt oder nicht, und kann die Befindlichkeit auch dann erahnen, wenn man sie ihr lieber verschweigen würde. Auf die spätere Partnerin übertragen, bedeutet das, daß eine sehr hohe Erwartungshaltung aufgebaut wird – eine Erwarungshaltung mit Tücken. Denn bei einer Mutter vermittelt es vielleicht ein Gefühl von Geborgenheit, wenn sie Lügen durchschaut und nicht lockerläßt, bis sie alles über das Wohlergehen ihres Sohnes weiß. Bei einer Partnerin wecken diese Fähigkeiten dagegen Beklemmungen und Fluchtwünsche. Und Enttäuschung, wenn sie diese Fähigkeiten nicht hat oder nicht einsetzen will.

»Sie ist sein sozialeres Ich; sie bügelt seine Fehler glatt, räumt seine Unordnung auf, rettet ihn aus Konflikten und beruhigt diejenigen, die er verletzt hat.«

Auf Abertausende Ehefrauen trifft diese Beschreibung zu, aber die Autorin dieser Zeilen hat hier nicht die Ehefrau und Partnerin des Mannes im Sinn. Der Satz stammt von Penelope Leach und beschreibt die Mutter eines Kleinkindes.

»Im Babyalter ist es die Rolle der Mutter, für das Kind zu *sein*; sie borgt ihm ihre Identität, interpretiert die Welt für ihn und verwendet ihre Intelligenz und ihre Muskelkraft, um all das für ihn zu tun, was er selbst noch nicht tun kann. Wenn er ein Kleinkind ist, muß sie ihn dann freilassen, muß sie ihm erlauben, ein separates Wesen zu sein. Es muß ihm möglich sein, etwas anderes zu wollen als sie, andere Leute zu mögen, anderer Meinung zu sein, seine Interessen zu verfolgen, auch wenn sie mit ihren in Konflikt kommen. Gleichzeitig aber muß sie sein sozialeres *Ich* bleiben; sie bügelt seine Fehler glatt, räumt seine Unordnungen auf, rettet ihn aus Konflikten und beruhigt diejenigen, die er verletzt hat.«*

Der kritische, abwesende Vater, die liebende, fürsorgliche Mutter und die Verwirrungen, die das im Männerkopf stiftet, können wir ganz genau betrachten am Beispiel von Manfred, einem 27jährigen Soziologen.

»Meine Mutter ist in der Beziehung meiner Eltern die schwächere. Er war mächtiger, vor allem nach außen. Sie war Kindergärtnerin, er war Sicherheitsberater bei der Bahn. Ursprünglich wollte er Religionslehrer werden, aber er hat das Studium nicht beendet. Das ist ein wichtiger Punkt, das nagt noch heute an ihm.

In der Familie war er nicht sehr gegenwärtig. In unserem Alltag war er eher abwesend. Und doch: Trotz seiner Abwe-

---

* Penelope Leach, Babyhood. New York 1983, S. 295 (dt.: Die ersten Jahre des Kindes, ²1989)

senheit war er dominant. Ich habe oft Angst vor ihm gehabt, das ist sicher sehr prägend für mich gewesen. Er war für mich immer unerreichbar, der Große. Ich habe ihn sehr idealisiert, war stolz auf ihn, habe andererseits Angst gehabt und Respekt und viel Distanz. Wir waren meiner Mutter viel näher, und in der Familie hat das ihre Position sicherlich gestärkt, wenn man das so sagen kann.

Ich war kein typischer Bub. Ich hatte daher auch immer das Gefühl, daß ich meinem Vater nicht ganz Genüge tue. Ich hatte dieses Aggressive nicht, mochte nicht raufen usw. Ich war nicht der Bub, der sich auf der Straße durchgesetzt hat, sondern ich war eher zurückgezogen, bin nicht so aus mir herausgegangen. Irgendwie habe ich dauernd seinen Appell an mich gespürt, bubenhafter, männlicher zu sein.

Später habe ich mir ein Bild von Männlichkeit geschaffen. Dazu gehört, souverän im Leben zu stehen, Bildung zu haben und Großherzigkeit statt dieser aggressiven, gewaltvollen Seiten, mit denen ich nichts anfangen konnte.

Mit 16, 17 habe ich eine Gruppe von Gleichaltrigen kennengelernt, die mich sehr geprägt hat. Wir wollten alle ausbrechen aus dem braven, bürgerlichen Bild unserer Familien. Nach dem Abitur habe ich angefangen, Soziologie zu studieren, und bin von zu Hause ausgezogen. Das war mit vielen Schuldgefühlen verbunden, meiner Mutter gegenüber; sie wollte, daß ich länger daheimbleibe. Sie war krank, hatte Krebs, was wir zwar alle wußten, aber was, typisch für unsere Familie, nicht besprochen, sondern verdrängt wurde.

Richtig verliebt war ich zum ersten Mal mit 17. Es war zwar keine richtige Beziehung, nicht wirklich, aber wir haben noch heute Kontakt zueinander. Wichtig war damals der Wunsch, zusammenzugehören, Geborgenheit zu finden, nicht allein durchs Leben zu gehen. Aber natürlich war es viel zu früh für eine bleibende Sache.

Die nächste wichtige Beziehung hatte ich mit einer Frau aus der Nachbarschaft. Im nachhinein glaube ich, daß diese Frau sehr die Rolle meiner Mutter gespielt hat; sie war auch etwas älter als ich, vier Jahre älter. Ich war 22, sie war 26. Sie wollte eine feste Beziehung, sie hat von Kindern gesprochen, was mich dann in Panik versetzt hat. Sie wollte heiraten usw., da bin ich ausgestiegen. Es ist mir aber sehr schwergefallen, ich hatte große Schuldgefühle. Sogar heute gehe ich nicht ganz sorglos mit dieser Geschichte um. Ich sehe diese Frau manchmal noch, zufällig auf der Straße, und jedesmal ist das mit ein bißchen Wehmut verbunden. Das wäre eine Frau gewesen, mit der ich das hätte spielen können, was ich in meinem Elternhaus hatte. Das hätte alles bestens geklappt. Familie, Kinder, Weihnachtsfeiern, das ganze Drum und Dran. Und das ist eine Seite von mir, ganz bestimmt. Dieses Familiäre ist auch ein Anteil von mir, und das hätte ich verwirklichen können. Aber diese Frau hat mich intellektuell nicht gefordert. Und diese Seite des Intellektuellen, dieser Wunsch ist stärker in mir als das Familiäre. Bei ihr hat mir die Herausforderung gefehlt. Der Wunsch nach Ordnung, Ruhe, Zufriedenheit ist in mir aber ganz bestimmt auch vorhanden. Eigentlich wollen Männer beides. Sie wollen stolz sein können auf eine Frau, die gescheit ist und etwas leistet, sie wollen ein Kontra. Meine damalige Freundin hatte immer das Gefühl, mir nicht Paroli bieten zu können. Das hat sie belastet, und mich hat es genervt.

Sie hat bald nach unserer Trennung eine neue Beziehung gehabt, hat geheiratet und Kinder bekommen. Sie hat also ihr Konzept verwirklicht. Wir sind noch immer wichtig füreinander, in kritischen Situationen rufen wir uns noch an, das ist seltsam.

Danach war ich mit einer Frau zusammen, die mir sozusagen die Gegenseite präsentiert hat. Sie war sehr feministisch, und ich habe mich weitgehend kritisiert gefühlt. Toll fand ich, wie sie aufgetreten ist, wie sie wirkte, ihre Intellektualität. Sie hat Psychologie studiert. Unsere Beziehung war sehr konfliktträchtig. Ich hatte das Gefühl, daß sie permanent versuchte, mich zu demütigen.

Ein Beispiel: Es war wieder einmal eine angespannte Stimmung, und ich wollte es scherzhaft wieder einrenken, indem ich sie hinten am Nacken so gegriffen habe. Ich wollte damit nur wieder Körperlichkeit, Kontakt herstellen, aber sie ist völlig ausgerastet. Sie hat sich bedroht gefühlt und hat mich beschimpft. Sie hat meine Geste als sehr aggressiv erlebt, sie meinte, sie hätte mir schon hundertmal gesagt, daß sie das nicht will usw. Mit der Demütigung, das war wohl so: Einerseits wollte sie, daß man sich öffnet, und andererseits, kaum ist man offen und erzählt auf ihre Frage, wie es einem als Mann so geht, genau dann packte sie einen. Ich fand das einfach nicht fair. Ich wurde dann vorsichtig.

Es gab sicher einen Kampf zwischen uns, wer stärker ist. Wir haben stark rivalisiert, aber ich denke, das war auch reizvoll an unserer Beziehung. Dieses Sich-Messen war irgendwie auch sehr erotisch. Sie war sehr kritisch, und ich habe es interessant gefunden, daß sie mir widerspricht. Aber die Auseinandersetzungen waren trotzdem störend. Ich wollte Wärme, mich gehenlassen können, ein bißchen regredieren, aber das mochte sie nicht. Den Feminismus habe ich danach abgehakt in meinem Leben, zumindest in dieser Form. Er hat mich aber fasziniert. Die selbstbewußten Frauen haben mir gefallen; nicht gefallen hat mir der Mangel an Herzlichkeit. Selbstbewußtsein ist gut, aber dabei geht das Geborgene, das Mütterliche verloren. Meine Idealfrau sollte eben beides sein, sowohl intellektuell als auch herzlich. Es muß aber auch eine Frau sein, die souverän ist, die im Leben steht. Die drei wichtigsten weiblichen Eigenschaften für mich sind Geborgenheit, Schönheit und intellektuelle Denkfähigkeit. Als männliche Eigenschaften fallen mir ein: intellektuell, großzügig, gebildet.

Mein Vater hat in meiner Entwicklung eine schwierige Rolle gespielt. Ich hatte immer das Gefühl, für ihn nicht Mann genug zu sein. Später hatte ich manchmal das Gefühl, es vielleicht irgendwie doch noch geschafft zu haben, in seinen Augen. Also durch die Beendigung des Studiums z. B. und auch dadurch, daß ich sehr schnell fertigstudiert habe. Da ging es sehr darum, mich mit ihm zu messen. Bei der Magisterfeier hatte ich diesen Gedanken, jetzt seine Liebe bekommen zu haben. Er hat ja nicht studiert, er hat es immer bedauert, es war ihm wichtig, und ich habe das gemacht, und jetzt habe ich seine Anerkennung: Das war mein Gedanke. Er hat auch mal zu meiner Mutter gesagt, daß er stolz darauf ist, daß seine Kinder was geworden sind. Das hat sie mir dann erzählt, und das hat mir Berge gegeben, es zu hören.

Trotzdem beschäftigt mich die Beziehung zu meinem Vater auch heute noch. Das ist die alte Geschichte: Die Liebe der Mutter hat man, da kann man kopfstehen und machen, was man will. Die Liebe des Vaters muß man sich verdienen. Ich finde es gut, daß die Liebe der Mutter so vorbehaltlos ist, auf jeden Fall. Das andere Problem dabei ist allerdings, daß die Mutter dadurch so erdrückend ist. Das schwingt dann auch immer mit. Als ich ausgezogen bin von zu Hause, habe ich nie die Phantasie gehabt, meinen Vater zurückzulassen. Sondern ich habe immer die Phantasie gehabt, meine Mutter im Stich zu lassen.«

Was Manfred hier recht bewegend beschreibt, ist ein absolut typisch männlicher Entwicklungsweg. Der Vater – der Stärkere, Wichtigere – hat für ihn scheinbar nichts übrig. In Wirklichkeit ist er vielleicht nur mit seinen eigenen Problemen befaßt, ist er nur egoistisch und unbeholfen gegenüber seiner Familie, aber das Kind interpretiert seine Haltung als persönliche Ablehnung. Und das männliche Kind denkt sich: Ich bin ihm als Sohn nicht gut genug.

Die Welt ist voll von Männern, die aufgewachsen sind mit dem Gefühl, »kein typischer Bub zu sein«, zu weich zu sein, ihren Vater zu enttäuschen, sich »auf der Straße« nicht hinreichend durchzusetzen. Die Welt ist voll von Männern, die in ihrer Kindheit und Jugend den »Appell spürten, bubenhafter und männlicher zu sein«, und dieser Forderung nicht nachkommen konnten. Ihre Emanzipation läge darin, diese Forderung abzuschütteln. Auch die Frauen haben sich von dem an sie gerichteten »Appell«, ein braves, stilles und liebes Mädchen zu werden, befreien müssen.

Zunächst sieht es so aus, als ob Manfred diese Emanzipation auch wirklich anstreben würde. Er »schafft sich ein eigenes Bild von Männlichkeit«. Aber dieses Bild wiederum ist nicht besonders überzeugend, was wir besonders gut dann erkennen können, wenn er seine »Idealfrau« und den »idealen Mann« beschreibt. Ihre Eigenschaften sind fast identisch. Das sollte Manfred eigentlich zu einem nächsten Denkschritt bewegen, nämlich zur Einsicht, daß sein persönliches Entwicklungsziel nicht Männlichkeit, sondern Menschlichkeit sein müßte. Aber davor schreckt er zurück. Er will ein Mann sein, ein richtiger Mann – und in Ermangelung anderer Fixpunkte kann das nur heißen, daß er Frauen irgendwie antagonistisch gegenüberstehen muß, irgendwie ganz, ganz anders sein muß als sie.

Aufschlußreich ist auch noch eine weitere Parallele in seiner Aussage. An seiner feministischen Freundin gefiel ihm, daß er sich mit ihr »messen« konnte. Dasselbe Wort, »messen«, kommt auch hinsichtlich seiner Vaterbeziehung vor. Überall dort, wo die Liebe nicht »bedingungslos« ist – wie bei der Mutter –, ist sie antagonistisch.

Manfred lebt mit einer Spaltung seines Frauenbildes, die nicht nur für ihn sehr typisch ist. Eine Frau soll so sein wie seine Mutter: ihn akzeptieren und lieben, ganz egal, was er tut. Sie soll gefühlvoll sein und Geborgenheit geben. Doch das reicht nicht. Sie muß sich außerdem mit ihm auseinandersetzen, ihn herausfordern, sich mit ihm »messen«. Selbstbewußte Frauen und solche, die dezidiert einen Standpunkt vertreten, gefallen ihm, aber bei ihnen vermißt er das Gefühl der bedingungslosen Liebe. Mütterliche, emotionale Frauen hingegen, wie seine ehemalige Freundin, geben ihm zwar Sicherheit, langweilen und »nerven« ihn aber zugleich.

Dieses Frauenbild kann im Zusammenleben nur ins Desaster führen. Sobald die Frau nett und einfühlsam ist, fühlt sich ein solcher Mann bedrängt. Ist sie hingegen selbstbewußt oder sogar kritisch, fühlt er sich ungeliebt und bedroht. Der Standard, den er bei einer Frau anlegt, ist von seiner Mutti entlehnt – mit der er aber, so viele Jahre nach Freud sollte er zumindest soviel schon wissen, nicht verheiratet ist.

Erschütternd sind die Passagen, in denen es um Manfreds Vater geht. Ebenso gewiß wie der Liebe seiner Mutter ist er sich der Ablehnung durch den Vater. Aufzuwachsen in dem Bewußtsein, für den eigenen Vater »nicht Mann genug« zu sein, verstärkt nur die innere Spaltung. Die Mutter liebt einen, aber sie ist als Person in der Welt nicht so wichtig, und sie liebt einen ja sowieso, egal was passiert, wodurch ihre Liebe an Wert verliert.

Bei dem Vater ist das anders. Manfred versucht, unterstützt von populärpsychologischer Literatur, dieser Tatsache Rechnung zu tragen: Die Liebe des Vaters, meint er, muß man sich eben verdienen. Seine Methode, diese Liebe zu verdienen, verrät deutlich seine latente Aggressivität gegen den Vater: Er überrundet ihn. Das Studium, an dem sein Vater scheiterte, besteht Manfred glanzvoll und in kürzester Zeit. Und zwar nicht, weil der Vater das will, sondern »um mich mit ihm messen zu können«. Erst, nachdem er ihn, zumindest intellektuell und symbolisch, »besiegt« hat, erwartet er sich die Liebe seines Vaters. Daß er »Liebe« mit »Anerkennung« gleichsetzt, folgt daraus. In seiner Kindheit hat der Vater ihn ignoriert, war nicht da, tat so, als ob er ihn nicht (aner-)kennen würde. Jetzt, wo Manfred ihn überrundet hat, muß er ihn anerkennen. Doch nicht einmal diese Anerkennung wird ihm direkt, sondern nur über die Mutter vermittelt. Er sei stolz auf »seine Kinder« – nicht einmal speziell auf Manfred. Die Mutter gibt das weiter, und Manfred zerfließt bereits vor Dankbarkeit und Begeisterung.

Karge Rationen vom Mann, wo es »wirklich zählt«, üppiger

Gefühlsüberfluß von Frauen, der aber nicht viel wert ist und einen bloß beengt? Die Weichen für spätere Probleme sind damit eindeutig gestellt. Sein Leben lang wird der Mann um die Anerkennung anderer Männer ringen, sich aber mit knappen Sätzen zufriedengeben müssen. Sein Leben lang wird der Mann von der Frau blinde Liebe verlangen und sie »im Stich lassen«, wenn er sie erhält.

Die neue Männerliteratur sieht in der Unzufriedenheit und den Forderungen feministisch beeinflußter Frauen die Ursachen für die Beziehungsprobleme. Die modernen Frauen seien aggressiv, ausbeuterisch, nie zufriedenzustellen.

Aber die Schwierigkeiten in den meisten Beziehungen liegen woanders. Sie haben mit der Spaltung der Erwartungen zu tun, die wir bei Manfred gesehen und bei Paul mit noch größerer Deutlichkeit verfolgen können.

Paul ist ein 42jähriger Geschäftsmann, von seiner ersten Frau geschieden und seit fünf Jahren mit Bianca verheiratet. Seine Reflexionen über diese beiden Beziehungen zeigen ein Problem auf, das sehr viele Paare betrifft.

»Meine erste Frau und ich haben uns sehr jung kennengelernt. Ich hatte einen Ferienjob in einer Firma, in der Ilse ihre Lehre machte. Sie war 18, ich war 22, es war die große Liebe. Wir haben bald geheiratet, weil wir wußten, daß wir zusammenbleiben wollen. Es hat sich auch ganz gut angelassen. Anfangs haben wir beide gearbeitet, dann kamen zwei Kinder in schneller Abfolge, und meine Frau hat aufgehört. Und dann gingen die Probleme los: Plötzlich hieß es dauernd, wann kommst du nach Hause, wo gehst du hin, wen hast du getroffen? Ich hab' plötzlich keine Luft mehr zum Atmen gehabt, ich bin mir schrecklich eingeengt und kontrolliert vorgekommen.

Heute sehe ich, daß ich ziemlich verwöhnt worden bin. Meine Frau wollte nur so irgendwie eine symbolische Andeutung, daß ich sie schätze. Aber damals haben wir sehr viel gestritten, und ich habe ihren Standpunkt nicht gesehen. Was will sie, sie hat ein schönes Haus, ich muß mich den ganzen Tag im Beruf ärgern, ihr geht es gut... Heute sehe ich, daß sie mir alles vom Leib gehalten hat, mein Leben war sehr angenehm, es verlief reibungslos. Auch wenn ich am Wochenende mit den Kindern in den Park gegangen bin, hat sie alles gemacht, sie hat die Kinder vorher schön angezogen, sie hat uns die Jause mitgegeben für das Picknick, sie hat immer an alles gedacht. Irgendwie war es perfekt, und trotzdem hat mir etwas gefehlt.

Gestört hat mich wohl die Gleichförmigkeit. Wenn ich meine Frau gefragt habe, wie das denn weitergehen sollte, wie sie sich das für die nächsten 20 Jahre vorstellt, dann ist sie durchgedreht. Dann hat sie gesagt, was soll ich denn machen mit den zwei Kindern, das ist nun mal mein Leben, und das ist auch dein Leben. Und solche Sätze hat sie gesagt, ohne zu ahnen, daß ich hierbei total in Panik gerate.

Und eines Tages, noch heute kann ich es nicht ganz fassen, hat sie die Kinder und ihre Sachen zusammengepackt und ist ausgezogen. Ich saß da in der Wohnung und dachte, jetzt bist du allein, jetzt bist du frei, und was ich vermißt habe, war das Gefühl der Erleichterung. Ich war überhaupt nicht erleichtert, ich war panisch, ich war verzweifelt, ich hab' sie ständig angerufen. Ich habe ihre Mutter angerufen und ihren Vater, ich hab' sie alle bekniet – die wollten sich aber nicht einmischen. Ein Jahr lang war es der totale Horror. Ich bin aus dem Haus gegangen mit einem Gefühl der vollkommenen Leere, mit dem Wissen, daß mich nichts erwarten wird, wenn ich heimkomme. Da habe ich erst gemerkt, wie wichtig ihre Anwesenheit war, dieses Gefühl, daß immer jemand da war und zwar für mich da war. Ihr Leben war ja auf mich ausgerichtet, nicht nur auf unsere Kinder, sie hat sich eigentlich in allem nach mir gerichtet, ich hab' das aber nicht wirklich realisiert. Und als ich es bemerkte, bekam ich richtige Panikattacken. Ich habe damals Herzrhythmusstörungen gekriegt. Ich habe dann angefangen, andere Frauen zu suchen, sie einzuladen, aber das war nicht so leicht. Ich erlebe die Frauen heute als sehr zielstrebig, geht, schon nach ein paar Wochen.

Ein paar Sachen waren mir richtig peinlich: Ich habe zum Beispiel nie selber die Steuererklärung gemacht, ich habe mich überhaupt nicht um die Versicherungen gekümmert, nicht um die Bausparverträge. Wie ein kleiner Schuljunge mußte ich mich von meiner Exfrau in all diese Dinge einweisen lassen. Das war mein wahrer Schritt in die Selbständigkeit. Ich bin nicht selbständig geworden nach der Schule oder nach dem Studium, nein, damals war ich ja noch immer gut betreut von meiner Mutter, dann von meiner Frau, aber jetzt, jetzt mußte ich selbständig werden.

Meiner ersten Frau geht es heute gut, das muß ich neidlos sagen. Sie hat ein kleines Geschäft aufgemacht, Antiquitäten, sie hat viele Freunde und Bekannte. Sie war ja immer sehr tüchtig im Managen, drum war unser Haushalt ja auch so perfekt. Die Kinder sehe ich nur alle vier Wochen, denn sie ist in ihre Heimatstadt zurückgekehrt, und ich will nicht ständig dorthin fahren, weil mich die Konfrontation mit meiner Vergangenheit immer noch sehr nervös macht.

Nun gut, und dann habe ich Bianca kennengelernt. Als wir uns kennenlernten, war Bianca 20. Ich glaube, daß das ganz wichtig war, weil ich das Gefühl hatte, jetzt bin ich derjenige, der alles weiß, der Sachen kann. Jetzt habe ich ihre Papiersachen erledigt und ihre Formulare ausgefüllt und sie beraten, und das war ein sehr schönes Gefühl. Mittlerweile finde ich es weniger schön, aber sie denkt nicht daran, es selbst zu machen, sie hat in mir so eine totale Servicestation gefunden. Ich mache alles, dabei hat sie viel Freizeit, da sie noch studiert. Ich weiß nicht, was sie mit dem Studium anfangen will. Sie sagt, sie will ins Ausland, aber was soll das heißen? Ich kann doch nicht ins Ausland. Ich hatte mir gedacht, ohne es mit ihr diskutiert zu haben, daß sie vielleicht Lehrerin wird. Wir könnten dann ein Kind haben und ein ruhiges Leben miteinander führen, aber das scheint sich nicht abzuspielen. Sie sagt, das, was ich von ihr erwarte, das hätte ich doch hinter mir gelassen, mit ihr müßte das Leben neu, aufregend sein.

Toll finde ich natürlich schon das Aufsehen, das ich errege, wenn ich mit ihr auftauche bei meinen Freunden. Das sind lauter seriöse Leute, das muß man sich überlegen, deren Frauen sind meist um die Vierzig, die schauen ein bißchen anders aus als meine Bianca. Bianca ist auch immer sehr aufregend angezogen, sie kann sich jeden Mini leisten, sie schaut einfach toll aus, einfach super. Manchmal haut es mich noch selber um, wenn ich nach Hause komme und mir denke, das ist deine Frau, die gehört dir. Obwohl mir Bianca nicht unbedingt das Gefühl gibt, daß sie mir gehört, bin ich trotzdem sehr stolz auf sie, das muß ich schon sagen, sehr stolz. Da gibt es doch dieses Sprichwort vom tollen Hecht – ja sie gibt mir das Gefühl, ein toller Hecht zu sein im Karpfenteich. Ich bin der einzige in meinem Umfeld, der es geschafft hat, sich so ein tolles, junges Mädchen zu angeln und ein aufregendes Leben mit ihr zu führen.

Wir gehen manchmal sogar in Discos, obwohl mir das schon zunehmend anstrengend wird, aber ich versuche es unter dem sportlichen Aspekt zu sehen. Ich versuche mich dort halt auch zu verrenken und alles mitzumachen und denke mir insgeheim, andere gehen ins Fitneßcenter, ich habe halt einen Abend Disco pro Woche. Was Bianca für mich bedeutet? Da fällt mir zuerst ein, sie ist mein Schmuckstück. Sie strahlt, sie fällt auf, ja, ich kann sie herzeigen – das ist ein tolles Gefühl, weil es auf mich zurückfällt, jeder denkt sich, das muß ein großartiger Kerl sein.

Ein bißchen häuslicher könnte sie sein. Sie kommt von der Uni, hat abends oft Vorlesungen, dann ruft sie mich an und will mich in einem Lokal treffen. Manchmal sind auch ihre Freunde dort, das habe ich weniger gerne, da liegen doch so an die 15, 20 Jahre dazwischen und das ist für mich ein bißchen schwierig, wenn jüngere Männer dabei sind.

Was mich auch noch bekümmert, sind unsere Streitigkeiten wegen eines Kindes. Sie will unter gar keinen Umständen schwanger werden. Ich bin eigentlich auch nicht so scharf drauf, unbedingt noch ein Kind zu haben, schließlich hab' ich schon zwei Kinder, die mir sowieso auf dem Gewissen liegen, weil ich so wenig Zeit für sie habe. Nein, aber ich denke mir, mit einem Kind wird unser Leben ruhiger werden. Es würde ihr dann gar nichts anderes übrigbleiben, als die Mama zu spielen und mehr zu Hause zu sein. Sie ist jetzt bald mit dem Studium fertig, und es kommt die Frage, was sie danach macht. Sie will die Lehramt-Prüfung nicht machen, das finde ich schlecht, das finde ich ganz schlecht, weil auch durch die Schule, durch das Unterrichten wäre sie in einem normalen Rhythmus, in einer normalen Situation. So wie jetzt ist es ganz lustig, aber so geht es ja nicht weiter.

Manchmal spüre ich so ein kleines bißchen Reue meiner ersten Frau gegenüber. Wie gerne wäre sie ausgegangen, wäre sie in Urlaub gefahren, aber wir haben damals gespart, weil wir angeblich im Aufbau waren. Ich habe da eine Menge falsch gemacht, ich hätte entschlossener sein müssen. In Wirklichkeit ist es so, daß ein Mann nur aktiv ist, wenn ihn die Frauen fordern. Meine erste Frau, die war einfach zu geduldig, und sie hat schon viele Männerwünsche vorweggenommen, sie hat sich angepaßt und wollte immer nur das Beste für uns. Meine zweite Frau ist da ganz anders, was einerseits gut und andererseits schlecht ist, je nachdem, wie man es betrachtet.«

Pauls Privatleben beginnt verheißungsvoll. Er hat eine Frau, in die er sehr verliebt ist. Beide haben ähnliche Interessen, sind beruflich ähnlich gestellt. Dann kommt ein Kind, es entsteht eine Familie, und plötzlich fühlt Paul sich eingeengt. Seine Frau ist ihm jetzt zu mütterlich; ihre Fragen über seinen Verbleib erlebt er als Kontrolle, ihren Wunsch nach Mithilfe als Erziehungsversuch. An die objektiven Tatsachen erinnert – es gibt nun mal diese Familie und diese zwei Kinder –, reagiert er mit Panik. Er ist so unangenehm und verweigert sich so lange, bis seine Frau die Konsequenzen zieht und geht.

Ihre Abwesenheit zeigt ihm erst, was ihre Anwesenheit bedeutet hat: Betreuung, Fürsorge.

Trotzdem entscheidet er sich bei seiner neuen Partnerwahl für ein anderes Muster. Diesmal sucht er sich eine viel jüngere, ihm scheinbar unterlegene Frau aus. Diesmal kann er der Vati, der Lehrer, der überlegene Ratgeber sein. Diesmal geht es unkonventionell zu.

Daß er sich hier selbst belogen hat, stellt sich schon sehr schnell heraus. Nur vorübergehend ist es schmeichelhaft, die Steuerformulare besser zu verstehen und leichter ausfüllen zu können. Schon bald wird man zur »Servicestation«. Litt seine erste Ehe an der Konventionalität und daran, daß Paul sich zu sehr an den Vorstellungen anderer orientierte und sich eine traditionelle Familie, einen perfekten Haushalt, eine Hausfrau anschaffte, so ist es bei der zweiten nur scheinbar anders. Bianca gefällt ihm vor allem dann, wenn er sie durch die Augen anderer Männer betrachtet. Wenn er sich mit ihr gut fühlt, dann nicht – zumindest erwähnt er das an keiner Stelle –, weil sie sich so gut verstehen, weil er sie so sehr liebt oder weil sie so interessant ist. Er fühlt sich gut, weil er sich als »toller Hecht« vorkommt, weil er ein »Schmuckstück« hat, um das ihn andere beneiden.

In seinem Leben gäbe es zwei potentielle »Schmuckstücke«, auf die er stolz sein könnte, denen er Dinge erklären, denen er helfen, für die er legitimerweise eine »Servicestation« sein könnte: seine beiden Söhne. Aber er wendet sich von ihnen ab (und produziert damit, nebenbei gesagt, die nächste Generation von jungen Männern, die sich unzulänglich und vom Vater ungeliebt fühlen können). Weil ihn der völlig richtige Satz seiner ersten Frau, es gäbe nun mal diese Familie, und dies sei nun mal sein Leben, in Panik versetzt, sucht er mit Bianca ein »neues« Leben.

An etlichen Stellen verrät das Gespräch aber, daß dieses

Leben ihn keineswegs zufriedenstellt. In Bianca hat er zwar den Kontrapunkt, das Kontrastprogramm zu seiner ersten Ehefrau gefunden, aber auch damit ist er nicht glücklich. Nun will er auch diese Frau in eine »Mutter« umwandeln, notfalls mit Hilfe eines Kindes, das sie beide nicht haben wollen. Dann muß sie zu dem versorgenden, fürsorglichen Frauentyp werden, den Paul sich insgeheim wünscht. Und der ihn in Panik versetzt.

Was ist ein Mann?

Eine Umfrage

*Hat sich der Begriff der Männlichkeit gewandelt
in seiner Bedeutung?
Ist er heute überhaupt noch aktuell?
Verblüffende Ergebnisse aus dem ausgehenden zweiten
Jahrtausend.*

Hat sich der Begriff der Männlichkeit in seiner Bedeutung gewandelt? Ist er heute überhaupt noch aktuell? Um die Meinung der »heutigen Jugend« dazu zu erfahren, begaben wir uns mit Fragebögen in die Hörsäle. 300 Studenten zwischen 19 und 23 zückten kooperativ ihre Schreibgeräte, um uns folgende Fragen zu beantworten:

- Welche Anforderungen stellen Sie persönlich an sich selbst als Mann (stellen Sie an Männer)?
- Was erwartet die Umwelt von einem Mann?
- Welche Erwartungen Ihrer Umwelt an Sie als Mann (an Ihren männlichen Partner) lehnen Sie persönlich ab?
- Wer ist der wichtigste Mensch in Ihrem Leben?
- Welche Eigenschaften schätzen Sie an dieser Person?
- Welche Eigenschaften mißfallen Ihnen an dieser Person?

Es war vielleicht undankbar von uns, aber schon der hohe Kooperationsgrad der Befragten hat uns erstaunt und etwas enttäuscht. Ausnahmsweise hätten wir diesmal lieber Kommentare gelesen wie: blöder Fragebogen, irrelevante Fragestellung. Doch das Gegenteil war der Fall. Wenige, nur ganz wenige junge Männer hatten Einwände gegen den Begriff der »männlichen Eigenschaften« und merkten protestierend an, daß es letzten Endes doch fast nur *menschliche* Eigenschaften gibt.

Eine viel größere Gruppe stellte zu Frage 1 eine lange Liste von Tugenden auf – Entschlußfreude, Mut, Verantwortungsgefühl, Ehrlichkeit, Intelligenz –, um dann irgendwann, meist aus Papiermangel, einzuhalten und großzügig noch an den Rand zu kritzeln, daß theoretisch auch Frauen diese Eigenschaften besitzen können. Die Mehrheit aber problematisierte dieses Thema nicht.

»Was erwartet die Umwelt von einem Mann?« Bei dieser Frage hatten wir Klischees erwartet, und diese Erwartungen wurden erfüllt. Nur einige sehr Verwegene beteuerten ihre Gleichgültigkeit und meinten, sie würden sich nicht für die Erwartungen anderer Leute interessieren. Im großen und ganzen aber ist »Männlichkeit« ein Stichwort, bei dem jedes durchschnittliche Gesellschaftsmitglied mühelos und nach wie vor ganz flüssig nach Schablone ein Männerbild zeichnen kann: Ein Mann ist ehrlich, mutig, stark. Ein Mann ernährt die Familie. Ein Mann ist unerschrocken, großzügig, hart. Sie selber trauen sich zu diesen Klischees schon eine gewisse Distanz zu – dem Rest ihrer Umwelt aber nicht.

Und auch die eigene Distanz ist fraglich. Zwar tauchten in den Beschreibungen von Männlichkeit vereinzelt aktuelle Dinge wie »sorgt sich um die Umwelt« auf. Die meisten Aussagen aber verrieten wenig persönliche Originalität. Ein 21jähriger Student der Wirtschaftswissenschaften stellt an sich als Mann die Anforderung, »immer Herr der Lage« zu sein, eine »Beschützerfunktion« auszuüben und »Durchsetzungsvermögen« zu zeigen. Sein 18jähriger Kommilitone erwartet von sich »Unabhängigkeit« und die »Fähigkeit zum Alleinsein«. Ein 22jähriger Mitstudent hat in seiner Eigenschaft als Mann vor, »Gelassenheit statt Hysterie« zu zeigen; als wichtigsten Menschen in seinem Leben führt er seine Mutter an, und an ihr mißfällt ihm, daß sie »die Möglichkeit hat, mich zu verletzen, da sie so nah ist«.

Ein 21jähriger Mathematikstudent betrachtet es als sein persönliches männliches Ziel, »Härte zeigen zu können, eine ausgeprägte Persönlichkeit zu haben, konsequent und rationell zu sein«. Ferner will er zu sich »selber auf Distanz gehen können,

wenig beeinflußbar sein, weitgehende Unabhängigkeit von anderen Personen erreichen«.
Verglichen mit den Antworten der Frauen zeigte sich eine enorme Kluft. Das Männerbild der Frauen hat sich entscheidend gewandelt, ist differenzierter geworden; das Männerbild der Männer dagegen ist weitaus stereotyper geblieben. Erwarten könnte man das Gegenteil; schließlich sind es die Männer, die Männlichkeit leben und erleben müssen, und man könnte meinen, daß sie deshalb eine ausführlichere, nuanciertere Meinung dazu haben.
Was erhoffen sich Frauen »persönlich« von einem Mann? Partnerschaftlichkeit, Offenheit, Humor. Ihren Freunden attestieren sie nette und positive Eigenschaften wie Einfühlungsvermögen, Toleranz und Verläßlichkeit. Was aber erwarteten die Männer »persönlich« von sich selbst? Viel mehr als die Frauen griffen sie in ihren Antworten auf Klischees zurück.

Sehr unterschiedlich fielen auch die Antworten nach den Meinungen der Umwelt aus. Beide, Männer und Frauen, kannten das Klischee. Aber das Klischee der Männer sah anders aus als das Klischee der Frauen. Die jungen Männer nannten eine bestimmte Kategorie von Eigenschaften, die in der Liste der Frauen fehlte. Was gehört zu einem Mann? Arroganz, Egoismus, »cooles Auftreten«, Selbstsucht oder Unnahbarkeit. »Ein Mann ist nicht leicht beeinflußbar.« »Ein Mann bleibt immer cool«, schrieben sie. Nicht, daß sie diese Erwartung persönlich teilten – aber für sie waren die Eigenschaften Teil der stereotypen Männlichkeit. Hier hatten die jungen Männer offenbar eine Erwartungshaltung, eine Botschaft erreicht, die Frauen nicht registriert hatten. Die jungen Frauen betrachteten Arroganz und Egoismus als Charakterdefekte.
Es war mehr als offenkundig, daß Selbstsucht für Männer etwas anderes bedeutet als für Frauen: kein Charakterdefizit, sondern ein offizieller Teil ihrer »Arbeitsplatzbeschreibung« als Männer.

Untermauert wurde diese Erkenntnis noch durch die Antworten auf eine weitere Frage. »Wer ist der wichtigste Mensch in Ihrem Leben?« Wenn Begriffspaare wie »gesunder Egoismus« und »erfrischende Ehrlichkeit« berechtigt sind, dann sind Männer sehr gesund und unheimlich erfrischend. Wer ist der wichtigste Mensch in ihrem Leben? Für 22% der Männer gab es kein Zögern: sie selber.

Männer

ich	22%
Freundin oder Ehefrau	22%
Mutter	18%
Vater	3%
Schwester	3%
weibliche Bekannte	3%
Freund	2%
Bruder	2%

Frauen

Freund oder Ehemann	29%
Mutter	15%
Vater	5%
ich	5%
Bruder, Schwester	5%
Freundin	4%

Besonders auffällig ist hier natürlich, daß das Bekenntnis zum eigenen Ego bei Männern und Frauen so eklatant anders ausfällt. Nun ist zwar letztendlich jeder sich selbst der nächste, doch danach wurde strenggenommen gar nicht gefragt. Verwunderlich war also eher, daß die Frage von Männern und Frauen offensichtlich so anders verstanden wurde. Wer ist die wichtigste Person in Ihrem Leben? Eigentlich suggeriert diese Formulierung schon eine *andere* Person, nach der das »Ich«,

das in der Frage ja ebenfalls vorkommt, gefragt wird. Zumindest für uns, als weibliche Gestalterinnen des Fragebogens, war diese Intention klar und für die beantwortenden Frauen weitgehend auch. Die 5%, die diese Frage ebenfalls mit »Ich« beantworteten, tat dies aus provokatorischen, didaktischen oder therapeutischen Gründen und fügten eine Erklärung hinzu, die ihre »unkonventionelle« Antwort begründen sollte.
Anders die Männer. Ihnen erschien ihre Antwort selbstverständlich. Ohne Erklärung, ohne Zusatz, stand es da auf dem Papier. Die wichtigste Person? Ich. Diese Antwort ist noch nicht generell ein Beleg für großen Egoismus. Sie kann auch zeigen, daß man zu dem eigenen Selbst einen eigenartigen Bezug hat, kein selbstverständliches psychisches Zentrum besitzt, das mit anderen in Verbindung treten kann. Der normale erwachsene Mensch blickt nicht ständig auf sich selbst, sondern beschäftigt sich mit Menschen und Dingen *außerhalb* seines Selbst. Wer nur sich sieht, steht entweder dauernd vor dem Spiegel oder ist nur mit der Frage beschäftigt, wie ihn die anderen sehen.

Doch auch die Frauen hielten mit ihren Antworten für uns eine Überraschung bereit. Für 29% war ihr Partner – Freund, Lebensgefährte oder Ehemann – die »wichtigste Person in ihrem Leben«. Daher mußten sie in der Folge ausführen, welche Eigenschaften dieser Person sie besonders schätzten und welche ihnen mißfielen. Was sie schätzten, waren die vorherzusehenden Tugenden eines angenehmen Mitmenschen: Einfühlsamkeit, Wärme, Liebe, Humor.
Was ihnen mißfiel?
»Er ist rechthaberisch und störrisch. Er plant sein Leben nicht, sondern lebt in den Tag hinein.«
»Er wird unter Belastung ausfallend und ungerecht. Er denkt zuwenig an die Folgen seiner Handlungen.«
»Er ist intolerant und überheblich. Er fängt vieles an, führt aber wenig zu Ende.«

»Er ist egoistisch. Zynisch. Unselbständig. Rechthaberisch. Phlegmatisch. Entscheidungsschwach.«

»Er ist verschlossen, dickköpfig, lebensfremd.«

Die artikulierte Vielfalt der weiblichen Beschwerden verdeckte zunächst, daß es im Grunde nur um zwei Charaktereigenschaften ging, die die Frauen beklagten, aber, und das war das Verblüffende, um zwei fundamental gegensätzliche: Herrschsucht verbunden mit Schwäche, Überheblichkeit kombiniert mit Unsicherheit, Dominanz gepaart mit Passivität:

»Er ist zu egoistisch. Er kann sich nie entscheiden.«

»Er ist intolerant, denkt zuviel an sich selbst, ist unzuverlässig, hat keine Richtung.«

»Er ist zynisch, manchmal brutal. Er ist meist passiv.«

Den Frauen schien nicht aufzufallen, daß sie da eine sehr kontrastreiche Diagnose erstellten. Und jede war der Meinung, daß es sich um die exzentrische Eigenart nur ihres individuellen Männerexemplars handelte. Aber in der Summe war es nicht mehr zu übersehen: Den Frauen fiel nicht nur auf, daß die Männer zu selbstsüchtig, überheblich und dominierend waren, sondern auch, daß sie zu passiv, zu richtungslos, zu unentschlossen waren.

Alle diese Charaktereigenschaften sind auch für sich allein genommen kritisierbar. Es ist schlecht, wenn man keine Richtung hat, wenn man sich nur schwer zu einer Entscheidung durchringt, wenn man die Konsequenzen seines Handelns nicht überdenkt. Und es ist schlecht, wenn man in Belastungssituationen ausfällig wird, ständig nur an sich selbst denkt, überheblich ist, keine anderen Meinungen neben sich erträgt. Doch in Kombination sind diese Eigenschaften geradezu fatal. Jemand, der ohne Grund überheblich ist, irritiert seine Umwelt noch mehr als jemand, den seine unbestrittene Überlegenheit arrogant gemacht hat. Jemand, der viel leistet und sich dann bedienen läßt, weckt vielleicht immer noch Ressentiments. Wer aber wenig leistet und dennoch von den fleißigeren Personen persönliche Dienstleistungen erwartet, den trifft mit Recht der volle Zorn.

Die Kritik der Frauen gewann ihre spezielle Schärfe durch genau diese Kombination: Ihre Partner beanspruchen die Führungsrolle, ohne die nötigen Qualitäten zu haben. Sie verlangen von der Frau die Initiative, wollen aber trotzdem als Macher gefeiert werden. Sie erwarten von der Frau einen gleichberechtigten oder sogar größeren Anteil an Mitarbeit und Mitverantwortung, gebärden sich aber immer noch als überlegene Führungspersönlichkeiten, die zu bestimmen haben.

Und diese Kritik betraf ganz eindeutig nicht nur den Partner. Was lehnen Frauen an der männlichen Geschlechterrolle ab? Obgleich wir keine Feministinnen befragten, sondern ganz durchschnittliche Studentinnen aus ganz beliebig gewählten Einführungsvorlesungen, beschweren sich 22% über die Überheblichkeit und das Dominanzgehabe der Männer. Das war, vor allen Dingen, da es sich um junge Frauen handelte, die in einer aufgeklärteren Zeit herangewachsen waren, eine sehr hohe Zahl. Eine 22jährige fügte präzise hinzu, daß es auch hier um den Kontrast zwischen Gehabe und Wirklichkeit ginge. Die meisten Männer hätten eine »Vorstellung von Autorität«, der sie unbedingt entsprechen wollen. »Dementsprechend gebärden sie sich.«

Als Herrscher ohne Reich könnte man, wenn diese Kritik berechtigt ist, die männliche Rolle 1992 beschreiben. Den Habitus des Despoten besitzen sie noch, ungebrochen, nur das Königreich ist inzwischen verlorengegangen. Sie wollen es auch gar nicht wiederhaben, weil das Regieren mit viel zuviel Arbeit, Risiko und Verantwortung verbunden war. Aber der engste Hofstaat soll ihnen immer noch zur Verfügung stehen. Vielleicht schwebt ihnen so etwas wie die englische Lösung vor: viel Pomp, viel Glorie für den nominell herrschenden Monarchen, doch die wahren Staatsgeschäfte sind längst in anderer Hand und laufen demokratisch ab. Vielleicht ist die zukünftige Rolle der Männer eine rein zeremonielle; in vieler Hinsicht ist sie das ja heute schon. Die Tagesgeschäfte, das wirkliche soziale Miteinander, das Erziehen der Kinder, der reibungslose Ablauf des Tages und die Gewährleistung und Einhaltung verbindlicher Regelungen, damit nicht alles zusammenbricht, das erledigen ohnehin zu immer größeren Anteilen die Frauen. Den Männern bleibt die Wahl zwischen angenehmer Mitmenschlichkeit, unter Verabschiedung einer längst nicht mehr zeitgemäßen Verhaltensequipage, und dem anachronistischen Beschwören einer verblichenen Herrschermacht. Ich bin der letzte der Romanoffs, verbeugt euch!

Oder, wie schon gesagt, die englische Lösung. Schließlich gibt es, der Erfolg einschlägiger Zeitschriften beweist es, sehr viele Frauen, die sich am Glanz monarchischer Rituale erfreuen. Wenn wir uns die Männer als permanente royale Zierde hielten, entmachtet, aber in strahlendem Pomp, hätten wir vielleicht unsere Freude daran. Und die Männer? Sie könnten eden halten, stattlich einherschreiten und gnädig von Balkons herunterwinken, wobei für den Zweipersonenhaushalt noch ein Äquivalent gefunden werden müßte.

Aber noch ein anderes Ergebnis des Fragebogens ist erwähnenswert. Wer ist die wichtigste Person in Ihrem Leben? Kehren wir kurz zu dieser Frage zurück, und addieren wir unsere Prozentsätze, dann erkennen wir, daß Frauen die bei weitem wichtigsten Referenzpersonen für Männer sind. Partnerinnen, Mütter, Freundinnen und Schwestern sind das psychische Netzwerk der Männer. Eine, wie wir sehen werden, sehr undankbare Aufgabe für die Frauen.

Einfach der Joe aus Essen
Eine Perspektive für die neue Männlichkeit

*Die neue Männlichkeit, die neue Weiblichkeit,
gibt es sie, wollen wir sie, brauchen wir sie?
Menschlichkeit – wäre das nicht die bessere Alternative?*

Eigentlich gibt es für die Identitätskrise des modernen Mannes eine ganz einfache Lösung. »Es geht heute viel mehr um Menschlichkeit als um Männlichkeit«, sagte eine unserer Interviewpartnerinnen und traf damit den Nagel auf den Kopf. Eine einfache, eine sehr einleuchtende, eine letztlich sehr befreiende Einsicht, aber vielen Männern fällt sie schwer. Warum? Das ist die vielleicht rätselhafteste Frage unserer Epoche.

Von vielen Aspekten der alten männlichen Rolle wollen Männer sich zwar gerne befreit sehen – von der Verantwortung für Frau und Kinder, vom Wehrdienst, von der Alimentenzahlung –, aber von Rang und Namen, von Amt und Würde ihrer alten Geschlechterrolle wollen sie sich nicht trennen. Sie reden von Individualismus und betrachten sich als Individualisten, nur um behende ein Klischee nach dem anderen herunterzubeten, sobald es um ihre Männlichkeit geht. Ihr Verstand gibt der Kritik, den Wünschen, den Zielen ihrer Partnerin und den Frauen im allgemeinen recht, doch dann meldet sich die panische Stimme ihrer Geschlechtsidentität und macht jede Veränderung und jede Versöhnung wieder zunichte. Menschlichkeit statt Männlichkeit, warum betrachten die Männer das als Niederlage, als Abwertung, als Verlust?

Die neue Männlichkeit – für uns versinnbildlichte das, nach dieser Buchrecherche, nicht der mythische Riese am Brunnengrund und auch nicht der konfuse junge Prinz. Sondern Joe, ganz einfach Joe aus Essen. Was Joe uns erzählte, machte die Schwierigkeiten der modernen Männlichkeit deutlich, an ihrem möglichen Wendepunkt zu einer neuen Epoche.

Joe ist 35 und Assistent an der Universität. Joe ist kein behäbiger Mann; er denkt viel und gerne nach, ist bereit, sich auseinanderzusetzen. Und dennoch lastet das Gewicht seiner Geschlechtsrolle schwer auf ihm.

»Meine Erziehung war ziemlich konservativ, ich bin stark kontrolliert und beaufsichtigt worden. Meine erste Frauenbeziehung hatte ich mit 13, eigentlich. Ich war bei meinen Großeltern in Ferien und habe mich in ein Mädchen verliebt. Ihre Eltern haben ihr dann verboten, mit mir Kontakt zu haben, und das war schlimm für mich. Ich habe es als sehr gemein und verletzend empfunden. Sie haben mich abgelehnt, mich als gefährlich und schlecht dargestellt, ohne mich zu kennen, ohne mit mir zu reden, aus Gründen, die ich nicht kenne – es war sehr ungerecht. Ich habe mich danach lange nicht getraut, Mädchen anzusprechen. Mit 17 hatte ich eine Freundschaft, die wichtig für mich war. Das war die Freundin eines Freundes, da traute ich mich sozusagen, weil sie gewissermaßen unter das Inzest-Verbot fiel. Den Kontakt brach ich allerdings sofort ab, als Nähe aufkam. Das ist mir später in meiner Studentenzeit oft passiert: Sobald die Beziehung ernst wurde und ich merkte, daß die Frau an mir Interesse hat und aktiv wird, bin ich abgehauen.

Kurz vor dem Abitur hatte ich dann meine erste richtige Freundin. Ich habe mir sehr viele Gedanken über mein Auftreten ihr gegenüber, als Mann, gemacht, und das endete in Klischeedarbietungen. Ich werde nie vergessen, wie wir das erste Mal in ihrem Zimmer saßen, alleine. Wir haben geschmust, und ich bin sehr schnell, obwohl ich sie gar nicht richtig kannte, dazu übergegangen, ihr die Kleider auszuziehen und sie zu berühren. Ihre Reaktion war damals sehr verblüffend, denn sie sagte zu mir: ›Du bist ja sehr erfahren.‹ Ich hab' das dann als Kompliment genommen, aber ich hab' gewußt, das stimmt ja gar nicht, ich tu ja nur das, wovon ich glaube, daß es in dieser Situation sozusagen von einem Mann erwartet wird. Indem sie das sagte, hat sie mir die Erlaubnis gegeben, weiterzumachen. Das habe ich auch getan, und heute bedauere ich das. Ich habe mich damit um meine eigene Ehrlichkeit gebracht, ich habe etwas getan, obwohl ich es eigentlich gar nicht wollte. Heute denke ich, daß ich damit etwas verschenkt habe, daß ich eine Schablone gelebt habe, statt mein eigenes Erlebnis zu haben.

In der Studentenzeit fand dann für mich die Auseinandersetzung mit Vaterfiguren statt, was damit begann, daß ich bei Professoren auf den Tisch gehauen habe, und dann später bei jeder Gelegenheit jeden, der nur annähernd nach Vater oder nach Autorität roch, versucht habe, kleinzumachen. Das hatte nicht mal schlimme Konsequenzen, wie ich eigentlich befürchtet hatte. Ich habe bemerkt, daß sie alle schwache Punkte haben, an denen ich ansetzen konnte. Ich bin da kaum irgend jemandem gerecht geworden, aber dadurch konnte ich auch stark sein. Das haben die anderen wohl gemerkt, sie haben mich einfach gewähren lassen, glaube ich. Ich habe Freiheit gesucht, gleichzeitig aber auch Geborgenheit und Struktur, und bin dabei ziemlich hin und her gerattert. Zuerst war ich bei einer deutschnationalen Gruppe, dann bei den Grünen, dann bei so einer Gruppe, die sehen wollte, ob man den Kommunismus retten kann. Es war eine Zeit der persönlichen Krise für mich, ich hatte ganz fürchterliche Träume von Monstern usw., sehr ängstigende Träume, die ich nicht verstand, die mich aber auch noch in den Tag hinein verfolgten.

Meine Beziehungen zu Frauen in dieser Zeit waren einerseits immer noch von sehr viel Vorsicht und Abstand begleitet, während gleichzeitig ein großer Druck auf mir lastete: Ich muß eine Freundin haben, und wenn ich sie dann habe, dann muß ich ihr gegenüber auch sofort wie ein erwachsener Mann auftreten, ihr immer überlegen sein. Glücklicherweise habe ich dann meine Frau kennengelernt, und das hat die Sache dann im Laufe der Jahre gewendet.

Meine Frau und ich haben uns an der Uni kennengelernt. Aufgefallen ist sie mir durch ihr souveränes, lachendes, strahlendes und fröhliches Auftreten. Da war Kraft, Weiblichkeit, Attraktivität dahinter, auch erotische Ausstrahlung. Gleichzeitig wußte ich nicht, wie ich mich ihr nähern sollte. So ging das wieder indirekt; wir waren in derselben Arbeitsgruppe im Seminar. Dann habe ich Glück gehabt: Sie hatte Streit mit ihrem Freund und ist zu mir geflüchtet, um sich auszuweinen. Plötzlich stand sie da, in meinem Zimmer. Das war der Beginn unserer Beziehung. Ich habe eigentlich nichts dazu getan, sondern war nur da in einer Situation, in der sie mich brauchte. Es war kein von mir aktiv gestalteter Beginn – paßt also genau in die Schiene, in der ich bis dahin gelaufen war, nur daß ich diesmal Glück hatte.

So ist es dann eigentlich auch weitergegangen. Sie war die Aktive, und ich habe mich gefreut, daß ich dabeisein konnte.

Irgendwann haben wir dann auch ein Kind bekommen, das war auch so eine Entscheidung, die nur halb gefällt wurde. Wir hatten zwar besprochen, daß wir das möchten, aber was es dann wirklich bedeutet, war uns nicht richtig klar. Arabella hat damals noch studiert, ich habe schon an meiner Diss geschrieben, daher hat sie die Hauptlast übernommen.

Es war eine faszinierende Zeit, diese Auseinandersetzung mit einem Kind, mit der ganzen Emotionalität eines Kindes, aber es war auch sehr schwierig. Meine Frau vor allem hat gefunden, es sei alles die reine Katastrophe. Wir hatten innerhalb kürzester Zeit die massivsten Auseinandersetzungen über mein Verhalten. Es ging darum, daß ich mich nicht genug beteiligte am Haushalt. Ganz konkret ging es um Wäsche, um Wäscheberge, die sich türmten, weil ich sie immer auf einen späteren Zeitpunkt verschoben habe. Ich habe mich verteidigt, mich gerechtfertigt, ich habe auch sehr viel geschwiegen. Ich kann mich an Situationen erinnern, wo ich nur dasaß und sie verzweifelt war, weil sie nicht an mich rankam. Ich kann mich auch an mein eigenes Gefühl erinnern, daß ich nämlich dachte, es ist aussichtslos, ich bemühe mich doch so. Und wenn ich mich jetzt so sprechen höre, dann erinnert mich dieses ›Ich bemühe mich doch so‹ sehr an den kleinen Jungen, der immer versucht, seiner Mutter alles recht zu machen.

In dieser Sache war Arabella kompromißlos. Der Konflikt zog sich über Jahre hin, mittlerweile hatte sie ebenfalls fertigstudiert und war berufstätig. Sie hat dann alles organisiert, den Kindergarten, ihre Arbeitsstelle. Sie war sehr belastet und hat bald auch gesagt, daß das so nicht ihren Vorstellungen entsprechen würde. Es entsprach auch nicht meinen Vorstellungen, aber ich selbst hatte mich nie hingesetzt und überlegt, was ich in einer Beziehung überhaupt wollte. Ich habe es einfach so genommen, wie es kam, und dann versucht, irgendwie damit zurechtzukommen.

Auch wenn es beispielsweise darum ging, was wir zusammen tun könnten, wie verbringen wir unsere Zeit miteinander, worüber unterhalten wir uns, gehen wir ins Theater, ins Kino, in welches Konzert, in welchen politischen Vortrag, was läuft überhaupt in der Stadt – alles hat sie organisiert. Selbst wenn sie die Programme besorgte und ich nur auszusuchen brauchte, wenn sie irgendeine Aufforderung an mich stellte, habe ich abgewehrt. Ich dachte nur, ich will nicht aufgefordert werden.

Natürlich hat sie damit nur Partnerschaftlichkeit eingefordert, es war minimal, aber für mich war das eine Kindheitserfahrung, die ich immer und immer wieder mobilisiert habe. Jede Anforderung an mich habe ich als Leistungsanforderung empfunden, Leistung, die ich erbringen muß, bevor ich akzeptiert werde. Dagegen habe ich mich gesträubt. Ich war ja schließlich erwachsen... Insofern war dann schon jeder Satz eine Zumutung, die ich zurückweisen mußte.

Bei den Forderungen meiner Frau, mich zu ändern, kam dann immer der Satz dazu, der bei mir sehr stark hängenblieb.

›Ich seh' doch, daß du einen anderen Kern hast‹, hat Arabella immer gesagt. Diesen anderen Kern habe ich aber selbst lange nicht erkannt oder habe ihm mißtraut, so daß ich bei dieser Bemerkung immer das Gefühl hatte, ein existentieller Boden würde mir unter den Füßen weggezogen. Ich hatte eine abgrundtiefe Angst, in etwas zu stürzen, über das ich keine Kontrolle mehr hätte.

Also habe ich weitergemacht wie bisher, habe blockiert, zugemacht, und war dabei ein ganz kleiner Junge und kein erwachsener Mann.

Dann bin ich einmal sogar, vor etwa fünf Jahren, weggelaufen. Ich bin für ein paar Tage ausgezogen, zu einer bekannten Familie. Meine Kinder waren entsetzt, daß ich von heute auf morgen weg war. Das hat mich zur Vernunft gebracht; ich dachte mir dann, was machst du da schon wieder, dein altes Muster, davonlaufen. Als ich dann wieder zu Hause war, habe ich mich entschlossen, es von nun an anders zu machen.

Trotzdem war es gut, daß ich gegangen bin, einfach weil ich etwas unternommen habe. Zwar nicht das Richtige, aber ich habe wenigstens etwas getan.

Und ich habe auch eine spannende Erfahrung gemacht: Ich spürte eine ungeheure Einsamkeit. Ich hatte große Angst, allein auf der Welt zu sein. In diesen Tagen bin ich öfter allein spazierengegangen, und dabei habe ich mir vorgestellt, geschieden und ohne Beziehung zu sein; und das war entsetzlich. Das schlichte Alleinsein war sehr furchterregend, verlassen zu sein, keinen Gesprächspartner zu haben, ohne diese Vertrautheit, Versorgtheit zu sein.

Unsere Wohnung ist schön hergerichtet; wenn ich nach Hause komme, stehen ab und zu Blumen da. Wenn ich mir dann vorstellte, daß ich in eine Wohnung gehen sollte, in der niemand war, wo das alles fehlt, war das ein schrecklicher Gedanke.

Diese Gedanken haben mir geholfen, mich ein Stück weit zu

entwickeln. Aber ohne den massiven Druck meiner Frau wäre das nie passiert.

Ich ging dann also zurück, zunächst mit sehr gemischten Gefühlen, weil ich nicht wußte, wie es weitergehen sollte, und auch nicht wußte, wie Arabella mich aufnehmen würde. Zum Glück hatte sie sich aber während meiner Abwesenheit ebenfalls Gedanken gemacht und Rat geholt, und ihr war gesagt worden, daß auch sie einen Anteil hat an unseren Konflikten. Das hat mir sehr geholfen, daß ich nicht als der einzige Schuldige dastand, obwohl ich es heute anders sehe. Aber damals war es für mich nützlich, daß ich ihr da einen Teil anlasten konnte, daß ich mir zugestehen konnte, auch auf sie wütend zu sein.

Ihr Anteil? Das war ihre Kompromißlosigkeit, daß sie mir die Pistole auf die Brust gesetzt hat..., und daß sie einfach recht hatte. Das war der Punkt. Sie hatte recht, und das konnte ich auch nicht verdrängen, und sie hat gesagt, entweder du änderst dich, oder wir gehen auseinander. Da bin ich natürlich furchtbar rotiert. Aber wenn sie es nicht gesagt und nicht in dieser Härte gesagt hätte, hätte ich mich nicht geändert. Also hatte sie in dieser ganzen Sache den weitaus unangenehmeren Part; weil sie recht hatte.

Kurz danach hat sie mir dann zum Geburtstag so ein Selbsterfahrungswochenende geschenkt. Es ging um themenzentrierte Interaktion, das war für mich gut, weil es Kopf und Gefühl verbunden hat. Als Mann und Naturwissenschaftler war der intellektuelle Einstieg für mich angenehm, führte dann aber in Dimensionen, die ich nicht gekannt hatte. Das war ein großes Glück für mich.

Daraufhin habe ich weitergemacht, ich bin in Therapie gegangen und auch in eine Männergruppe. Die Männergruppe ist eigentlich zum wichtigsten Punkt der Erfahrung geworden. Auch jetzt noch habe ich Angst vor wirklicher Nähe, weil ich Angst vor Kontrollverlust, vor Hingabe habe. Daher kann ich auch keine richtige Nähe aufbauen, obwohl meine Frau sagt, du kannst alles haben, was du willst. Das Angebot ist da, aber ich schlage es aus.

Meine Frau ist im Lauf der Jahre offener geworden, aber auch verzweifelter, das wechselt. Nein, verzweifelt ist vielleicht übertrieben. Sie sagt nur: ›Ich sehe, es geht voran, es geht mir nur zu langsam.‹

Ich glaube, was sie vor allem von mir möchte, ist, daß ich authentisch bin, daß ich mich so gebe, wie ich bin. Sie kann dann auch an mir mehr Freude haben, dann bin ich interessant und lebendig für sie. Das ist, glaube ich, ihr wichtigster Wunsch: mich authentisch zu erleben.

Was ich von *ihr* möchte... Ach Gott, natürlich möchte ich, daß dieses Konfrontieren aufhört, dieses ewige du mußt, du sollst. Aber ich weiß auch, daß sie nicht immer die Kraft hat, das anders zu sagen, es angenehmer zu bringen. Im Grunde habe ich eine interessante Frau, von der ich alles haben kann. Sie macht im Beruf tolle Sachen, sie kann streiten, sie ist emotional, sie ist weich, ich bewundere sie, ich liebe sie. Nach meinen Seminaren und meiner Gruppe traue ich mich jetzt, das auch zu sagen.

Wenn ich sagen würde, ich will von Arabella mehr Nähe, würde ich lügen. Ich kann sie ja haben, aber ich traue mich nicht. Auch sexuell spüre ich immer noch diese Barriere, was lächerlich ist, nach den vielen Jahren unseres Zusammenseins. Dieses komische Gefühl, nicht wirklich zu wissen, ob ich will und was ich will.

Das Gefühl, nicht ich selbst zu sein, ist wirklich sehr belastend. Ständig habe ich das Gefühl, zu spielen. Sicher hat sich durch die Therapie und das Nachdenken viel geändert, gleichzeitig ist eine neue Schauspielerei hinzugekommen. Jetzt spiele ich neben meiner alten Rolle eben auch noch den liebenswerten Mann, der eine gute Entwicklung genommen hat. Und dazu spiele ich immer noch, wie früher, den starken Mann. Was lächerlich ist, wenn in der realen Lebensführung nichts davon da ist, sondern das Ganze nur absurdes Theater ist. Das kann man in Wirklichkeit den Frauen ja auch nicht vormachen, die merken doch ziemlich schnell, daß das ein Affentheater ist.

Das ist für mich momentan der Konflikt: Wer bin ich denn überhaupt? Wenn ich nicht schauspielern soll, weder den lieben Mann noch den starken Mann spielen soll, wer bin ich dann? Bei dieser Frage bin ich jetzt.

Meine Frau hat mir darauf kürzlich die Antwort gegeben: Du bist der Joe aus Essen! Erst hab' ich gedacht, was soll das; aber dann habe ich versucht, mich auf diesen Boden zu stellen, und jetzt frage ich mich, ob dieser Boden mich tatsächlich tragen könnte. Das wäre schön, dann wäre plötzlich der ganze Krampf weg, die Anspannung, der Kampf um Anerkennung. Aber geht das, kann das wirklich so einfach sein?

Meine Frau hat ihren Prozeß der Selbstfindung lange vor mir begonnen. Sie hat sich mit ihren Eltern auseinandergesetzt, war in Selbsterfahrungsgruppen, hat viel gelesen. Sie hatte Konflikte am Arbeitsplatz. Bei all diesen Dingen habe ich ihr helfen können, ich habe ihr zugehört, ich habe sie begleitet, da hat sie auch viel von mir bekommen, das war keine Einbahnstraße.

Ihre Veränderungen haben auch in mir Gedanken ausgelöst. Zum Beispiel bei der Sexualität. Manchmal sagte sie, sie habe jetzt keine Lust, sei nicht in Stimmung, sei im Kopf ganz woanders; dann bemerkte ich, daß ich eigentlich auch nicht wollte, mir aber gedacht hatte, ich müsse jetzt mit ihr schlafen, es sei jetzt angebracht.

In die Männergruppe zu gehen war mein eigener Entschluß. Aber daß es eine gibt, hat meine Frau entdeckt. Allerdings habe ich dann gesagt, daß ich hingehen will. Ich glaube, es ist unbedingt nötig, zu erleben, was Mannsein überhaupt bedeutet, denn die meisten von uns wissen überhaupt nicht, was das heißen kann, was wir als Mann wollen. Ich möchte gerne dahinterkommen.«

Joe verkörpert in geradezu perfekter Weise die Konflikte, in die ein intelligenter Mann in unserem Zeitalter geraten muß. Er versucht, einem undurchführbaren Befehl zu gehorchen, einem Gebot gerecht zu werden, das nicht lebbar ist: dem Gebot der Männlichkeit.

Mit 13 sieht Joe sich zum ersten Mal mit der Meinung konfrontiert, daß ein »Mann« Frauen gegenüber der Aggressor ist, gefährlich ist. Unbekannte Eltern verbieten ihrer Tochter den Umgang mit ihm. Innerlich lehnt sich Joe gegen diese ungerechte Etikettierung auf und fühlt sich zugleich von ihr gelähmt. Männlichkeit, das ist Überlegenheit, Draufgängertum, Aktion... Aber in tatsächlichen Lebenssituationen sind diese Begriffe nur eine Schablone, die sich nicht mit dem deckt, was in ihm selber vorgeht. Diese Art von Männlichkeit ist eine Lüge, bei der Joe eigentlich nicht gewinnen kann. Entweder die Frauen durchschauen diese Lüge – dann wird man dabei ertappt, ein »Affentheater« aufzuführen. Oder sie durchschauen sie nicht – wie seine erste Sexualpartnerin, die sein unbeholfenes Betatschen für Erfahrung hielt –, dann lebt man ein Theaterspiel anstelle des eigenen Lebens.

Die Literatur über die neue Männlichkeit behauptet, daß Männern heute die Sturm-und-Drang-Phase, die Auseinandersetzung und das Kräftemessen mit anderen Männern fehle. Aus Joes Biographie können wir jedoch erkennen, daß er – wie die meisten Männer – durchaus eine solche Phase erlebte. Das Problem war eher ein umgekehrtes: Seine Identitätsfindung scheiterte gerade deshalb, weil sie sich auf die falsche Fährte der *Geschlechts*identität umlenken ließ. Joe nahm den Kampf mit männlichen Autoritätsfiguren auf; diese ließen ihn gewähren. Was nach Protest aussah, war eher ein widerstrebendes, hilfloses Sich-Einfügen in vorgegebene Raster. Niemals stellte Joe ernsthaft in Frage, daß er als Mann den vorgegebenen Anforderungen gerecht werden müsse. Statt dessen flüchtete er: nicht wirklich vor den Frauen oder vor Bindungen, sondern vor der Notwendigkeit, diesen Frauen in einer bestimmten

Art und Weise gegenübertreten zu müssen. Mit gutem Gespür identifiziert Joe sein Hauptproblem als eines der Authentizität – er ist nicht authentisch, nicht für sich selber und nicht für andere, weil er ständig einem Bild von sich als Mann nachjagt. Auch die Angst vor Kontrollverlust ist nun verständlich. Die Verhaltensvorlage, die ein Mann erhält, ist zwar belastend, aber sie stellt auch den Boden unter seinen Füßen her. Wer bin ich? Diese äußerst komplexe Frage erhält eine einfache Antwort: ein Mann. Intelligente Menschen können mit dieser Antwort nicht zufrieden sein, zumal sie ganz genau wissen, daß ihr männliches Auftreten weitgehend Theater ist. Aber dieses Auftreten gibt trotzdem Halt. Man weiß zumindest, wie man sich in verschiedenen Situationen zu verhalten hat – auch wenn man die Anweisungen befremdlich findet.

Joe weist die gleiche erstaunliche Passivität auf, die wir schon als Merkmal so vieler Männer im zwischenmenschlichen Zusammenleben erkannt haben. Seine wichtigste Beziehung, zu einer Frau, die ihn auf Anhieb faszinierte, die er auch nach 15 Ehejahren noch toll findet und liebt, führt er auf »Glück« und Zufall zurück. Eigentlich war es Arabella, die den ersten dezidierten Schritt tat. Aber auch im späteren Zusammenleben fällt die aktive Rolle sehr oft seiner Frau zu. Arabella will diese Rolle gar nicht; schließlich ist sie auch mit sehr viel Arbeit verbunden, und es ist ihr permanentes Bestreben, Joe in Gang zu setzen, damit er endlich auch einmal die Initiative ergreift und ein aktiver Partner wird. Joe aber verweigert das.

Wie ihm selbst an mehreren Stellen auffällt, begibt er sich damit weniger in die Rolle des Paschas als in die Rolle des Kindes. Arabella gegenüber lebt er einen kindlichen Protest aus, der aber zu keiner erfolgreichen Lösung führen kann, weil Arabella nicht wirklich das Objekt seines Protestes ist. Eigentlich protestiert Joe nicht gegen Arabella und auch nicht gegen seine Mutter oder seine kindliche Erziehung, sondern gegen die Art von Erwachsen-Sein, die seine Umgebung ihm aufzwingen will. Er will kein »erwachsener Mann« sein, weil er sich in diesem Stereotyp nicht wiedererkennt. Er will aber auch nicht *kein* Mann sein, also bleibt er ewig verhaftet in der Rolle eines Kindes.

Auch Frauen gegenüber ist Joe ganz offensichtlich noch kein »Erwachsener«. Er ist ihnen einerseits überlegen – aber nur fiktiv und solange er sich an eine grobe Schablone von Männlichkeit hält, die Dominanz und souveräne »Erfahrung« vortäuscht, wo in Wirklichkeit Angst und Unsicherheit herrschen. Gleichzeitig ist er ihnen unterlegen, weil sie die tragenden Säulen seiner Existenz sind. Es ist sehr bezeichnend, daß Joe den Verlust seiner Ehe mit dem Verlust von Geborgenheit und Versorgtheit gleichsetzt, mit einem Heim. Die Frau ist für ihn immer noch die mütterliche Person, die ein Zuhause bietet – auch wenn er längst weiß, daß er in Wirklichkeit die Hälfte einer erwachsenen Partnerschaft sein sollte, auf der seine Familie ruht.

Damit ist Arabella zugleich die Erwachsene, gegen die er protestiert – und das zufällige, unschuldige Opfer seiner Protesthaltung. Und weil Joe das weiß und auch weiß, daß sie »recht hat«, bewegt er sich in einem permanenten Teufelskreis von Ressentiments gegen Arabella und dem unangenehmen Gefühl, im Unrecht zu sein.

Joe will zwei Dinge auf einmal, die sich gegenseitig ausschließen: Er will den Anforderungen der Männlichkeit gerecht werden, und er will sie ablehnen. Als Mensch kann er Arabella wie eine Freundin, wie eine Partnerin lieben; als Mann liegt er mit ihr im Clinch. Sein Konflikt mit ihr ist nicht, daß sie etwas anderes will als er – sein Konflikt ist, absurderweise, daß sie dasselbe will. Und daß es deshalb wie eine Niederlage aussehen würde, wenn er das täte, eben weil sie es auch will. So kann es letztendlich kein friedliches Zusammenleben geben, denn wenn er andererseits tut, was sie nicht will, dann gibt es Konflikte. Und auch dann tut er im Grunde nicht das, was er eigentlich will, denn er will ja eigentlich dasselbe wie sie... usw.

Er *möchte* ja ins Theater, will sich jedoch nicht die Mühe machen, das Programm zu besorgen, aber wenn Arabella es tut, ist es Bevormundung, und er muß rituell dagegen protestieren... usw.

Und wer das alles sehr kompliziert findet, kann vielleicht endlich eine ganz unfeministische Empfindung in sich spüren – Mitleid mit der Bevölkerungshälfte, die die guten Möglichkeiten des angenehmen Zusammenlebens durch einen dermaßen abstrusen Ego-Salat torpediert.

In zwei Punkten hat die oftmals überdrehte, panisch gehässige Literatur über die »neue Männlichkeit« wirklich recht:
- Die Männer leiden offenbar wirklich an einer tiefen Krise ihrer Identität, und
- zwischen Frauen und Männern läuft es gegenwärtig extrem schief.

Der österreichische Anwalt Manfred Lampelmeyer, der in seiner Kanzlei tagtäglich mit erzürnten Männern zu tun hat, interpretiert ihren Zorn als Reaktion auf ein psychisches Scheitern:

»Der Mann von heute ist einfach fassungslos gegenüber dem neuen Typ Frau. Das ist so, wie wenn wir ein Kaninchen sehen, das sich auf eine Maus stürzt und diese verspeist. Ein fleischfressendes Kaninchen, da wären wir fassungslos, weil wir mit dem Kaninchen verbinden, daß es Kohl und Wurzeln frißt. Die Männer verkraften das neue Frauenbild nicht. Sie werden resignativ, und das kann auch in Aggression umschlagen.«

Damit trifft er ins Schwarze, denn aus den Büchern über die »neue« Männlichkeit schlagen dem/r Leser/in neben Wut und Haß vor allem auch Angst und Verwirrung entgegen.

Denn in der Rolle des Angeklagten, des Renitenten und Resistenten, also desjenigen, der zurückgeblieben ist, während die anderen zu neuen Ufern aufbrachen, in dieser Rolle kann man sich nicht sehr wohl fühlen, das stimmt. Solange Männer aber an ihrer Vorstellung festhalten, daß ein Umdenken gleichbedeutend ist mit einer Niederlage, sind die Aussichten für eine echte Gemeinsamkeit ziemlich schlecht.

Dabei ist interessant, daß beide Seiten – Männer und Frauen – an Männern eigentlich dasselbe kritisieren: ihre Passivität und mangelnde innere Reife.

Männer betrachten sich gern als autonom. Unabhängigkeit ist für sie eine Tugend; Distanz ist ihnen wichtig; sie wollen unbedingt sie selbst bleiben, keine Grenzen verwischen, nicht zuviel Nähe aufkommen lassen. Dieses ewige Thema der männlichen Psyche verrät, daß wir hier an etwas Essentielles geraten sind. Denn die Obsession, mit der sie auf Distanz und Unabhängigkeit bestehen, macht deutlich, daß Männer sich gerade hier gefährdet fühlen. Wer wirklich unabhängig und autonom ist, fürchtet nicht um seine Selbständigkeit. Wer sich darüber beschwert, daß Frauen ihm ständig zu nahe kommen wollen, dem sind sie schon längst zu nahe.

Bei den Interviews legten die Männer auf den Begriff »Distanz« ein ganz besonderes Gewicht. Doch bald zeigte sich, warum das so ist. Diese Männer – Männer überhaupt – sind abhängig, restlos abhängig von der Fürsorge, der Planung, der Bedienung, der Betreuung durch Frauen. Und sie stecken in einem argen Dilemma: Um wirklich unabhängig zu werden, müßten sie Bequemlichkeiten aufgeben und Verantwortungen übernehmen. Im Zusammenleben müßten sie zu dem werden, was Frauen schon die ganze Zeit einfordern: zu einem echten Partner. Das wollen sie nicht. Statt dessen entkommen sie dem Gefühl der Abhängigkeit, zumindest vorübergehend, durch eine Reihe psychischer Tricks, die ein erwachsenes Miteinander von Frau und Mann unmöglich machen.

In männlichen Lebensläufen läßt sich bei genauerem Hinsehen ein Gerüst entdecken, das von Frauen entworfen, getragen, gestützt, instand gehalten und repariert wird. Eine ganz zentrale Ursache dafür ist die männliche Bequemlichkeit. Der Egoismus der Männer hat nicht wirklich etwas mit der Arroganz einer überlegenen Person zu tun, sondern mit der Unreife eines unerwachsenen Menschen. Ein Baby erlebt sich selbst als Zentrum der Welt infolge seiner Abhängigkeit; es ist immer auf sich selbst und seine Bedürfnisse konzentriert, weil es selbst für sich und die Erfüllung dieser Bedürfnisse nichts tun kann. Es kann nichts tun, als auf sich und seine Bedürfnisse aufmerksam machen, möglichst lautstark und möglichst insistierend. Je mehr ein Kind für sich selbst sorgen, verantwortlich sein kann, desto weniger »egoistisch« ist es und desto angenehmer im Zusammenleben, weil es dann auch warten, teilen, hergeben kann. Die psychische Reife, die Fähigkeit, Kompromisse zu akzeptieren, einzulenken und anderen zu helfen, ist das Merkmal eines autonomen, also erwachsenen Menschen.

Der durchschnittliche Mann schwimmt auf einem Ozean von Frauen. Er kann sich vormachen, daß er Privilegien besitzt, die ihm zustehen infolge seiner männlichen Wichtigkeit und die seine Überlegenheit beweisen. Aber trotzdem weiß er, daß er abhängig ist. Auch die rätselhafte Passivität in privaten Angelegenheiten findet hier ihre Erklärung. Die Tyrannei des Mannes ist die Tyrannei eines kleinen Kindes, das um seine Versorgung und seine Bequemlichkeit bangt. Wenn er frei sein will, gibt es für ihn nur eine einzige Möglichkeit: Er muß erwachsen werden. Er muß der Welt ins Auge schauen, nicht verkleidet als Winnetou, sondern als er selbst, als der »Joe aus Essen«. Er muß den Schmutz sehen lernen und die Langeweile, er muß eintönige Dinge tun und Entscheidungen treffen und auch dann zu diesen Entscheidungen stehen, wenn sie keinen Spaß machen. Er muß sich die Eigenschaften des Durchhaltens und der Geduld, der Persistenz und der Beständigkeit aneignen, weil man sie zum Leben braucht. Er muß in saure Äpfel beißen und darf danach nicht jammern, daß er ja gar nicht hineinbeißen wollte, sondern daß Eva ihn dazu verführt hat.

Die Zeiten ändern sich

Ein hoffnungsvolles Schlußwort

Wenn Weltreiche aufbrechen und die NATO überflüssig wird, dann ist alles möglich. Auch daß Männer ihre antiquierten, einengenden Lebensmuster hinter sich lassen und zu freien, verantwortungsvollen Mit-Menschen werden.

Als hoffnungslose Optimistinnen gehen wir auch noch aus dieser Recherche befriedigt und zuversichtlich hervor. Es gibt einen backlash, zumindest einen schriftlichen, in Form aggressiver und verärgerter Männer-Bücher. Es gibt unter Männern ein heilloses seelisches Chaos und große Verwirrung. Trotzdem stimmt die jüngste Weltgeschichte uns positiv. Versteinerte Kolosse können aufbrechen, oft viel schneller, als man sich es jemals ersehnt hätte. Eben noch gab es sie zum Beispiel, die Sowjetunion, und dann schwupps – plötzlich ist sie weg. Dem Patriarchat prognostizieren wir ein ähnliches Schicksal, und in seinen aktuellen aggressiven Aussagen sehen wir bloß ein letztes Aufzucken. Haben Sie den Film »Fatal Attraction« gesehen? In der Schlußszene liegt die Psychopathin in der Badewanne, ertrunken, die Familie ist in Sicherheit, die Kinobesucher wähnen den Film zu Ende – und dann plötzlich erhebt sie sich noch ein letztes Mal aus dem Wasser, das Messer in der Hand.

Die aggressiven Beiträge der neuen Männerliteratur erinnerten uns an diese Kinoszene – da denkt man, das war's, und plötzlich reckt sich das Monster noch ein letztes Mal aufbäumend in die Höhe.

Aber es geht gar nicht mehr um das »Patriarchat«. Es geht, zumindest in unserer Kultur, um unsere evolutionäre Zukunft. Wollen wir Menschen sein, menschliche Individuen mit all den Freiräumen und Eigenarten und Einschränkungen und

Widersprüchlichkeiten, die zu unseren vielfältigen Persönlichkeiten gehören? Oder wollen wir uns ewig gegenübertreten als Stereotypen, einmal mit Rock, einmal mit breiten Schultern, wie die Schablonen auf der WC-Tür? Frauen haben diese Frage beantwortet – und sich enorm verändert. Jetzt sind die Männer am Zug. Und eigentlich wissen auch sie schon, welche Richtung die Zivilisation ihnen nahelegt. Sie können sich bloß nicht endgültig dazu entschließen.

All unsere Überlegungen erfordern daher vielleicht auch noch eine ästhetische Korrektur. Wollte Michelangelo wirklich den »Mann« verewigen, hätte er hier seine viel ehrlichere Pose gehabt: nicht den heroischen Halbgott, der sich mit ausgestreckten Armen dem Weltall hingibt, sondern den zögernden Badegast, der für alle Ewigkeiten am Rand des Beckens stehenbleibt, mit einer vorsichtigen Zehe die Wassertemperatur prüfend und doch nie couragiert genug, um einfach hineinzuspringen.

Spring doch, Joe. Das Wasser ist lau und gar nicht so schrecklich tief.

BÜCHER ZUM THEMA
PSYCHOLOGIE & LEBENSHILFE

Monika Reichelt
DIE VERLETZTE SEELE
– Über die Bedeutung des Selbstwertgefühls für unsere Persönlichkeitsentwicklung –

Wie Verletzungen des Selbstwertgefühls zu seelischem Leiden, zu Haß gegen die eigene Person oder andere Menschen führen. Ermutigungen zum Aufbau eines stabilen Selbstwertgefühls.
264 Seiten. ISBN 3-453-05198-X

———— * ————

Catherine Herriger
BIS DASS DER TOD EUCH ENDLICH SCHEIDET
– oder Wie Paare besser lieben lernen –

Warum Zweierbeziehungen so oft scheitern, Paare sich nicht verstehen, Mann und Frau aneinander vorbeireden und – wie Liebe gelernt werden kann. Ein Lehrkurs über das Wichtigste in unserem Leben: die erfüllte Partnerschaft.
200 Seiten. ISBN 3-453-05557-8

———— * ————

Patricia & Ronald Potter-Efron
SCHAMGEFÜHLE VERSTEHEN UND ÜBERWINDEN
– Wege zu einem neuen Selbstbewußtsein –

Ein Hazelden-Buch

Aufklärung über das Tabuthema »Schamgefühle«, Hilfen zur Überwindung seelischer Leiden, die aus Scham entstanden sind. Wege zu einem neuen und angstfreien Leben.
336 Seiten. ISBN 3-453-05196-3

WILHELM HEYNE VERLAG MÜNCHEN

MEDITATIONSBÜCHER
ZUM THEMA LEBENSHILFE

Melody Beattie
»KRAFT ZUM LOSLASSEN«
– Tägliche Meditationen für die innere Heilung –
Ein Hazelden Meditationsbuch

Loslassen lernen: Innerlich Abstand gewinnen von Bindungen, Erwartungen, Ängsten und einengenden Denk- und Verhaltensmustern. Der Weg zur Überwindung selbstzerstörerischer Abhängigkeiten.
416 Seiten. ISBN 3-453-04765-6

---- * ----

Will Limón
»AM ENDE EINER LIEBE«
Meditationen für einen Neubeginn
Gedanken, die weiterführen. Spirituelle Begleiter für jeden Tag.
Lebenshilfe in neuer Dimension.
144 Seiten. ISBN 3-453-05919-0

---- * ----

Anne Wilson Schaef
»NIMM DIR ZEIT FÜR DICH SELBST«
– Tägliche Meditationen für Frauen, die zuviel arbeiten –
Wenn Arbeitssucht das Leben zerstört.
Meditationen für Frauen, die wieder zu sich selbst kommen wollen.
400 Seiten. ISBN 3-453-05561-6

WILHELM HEYNE VERLAG MÜNCHEN